도서출판 대장간은
쇠를 달구어 연장을 만들듯이
생각을 다듬어 기독교 가치관을
바르게 세우는 곳입니다.

대장간이란 이름에는
사라져가는 복음의 능력을 되살리고,
낡은 것을 새롭게 풀무질하며, 잘못된 것을
바로 세우겠다는 의지가 담겨져 있습니다.

www.daejanggan.org

Copyright © Jacques Ellul

Original published in France under the title ; *L'homme et l'argent*

Korean Copyright © 2009 by Daejanggan Publisher. in Nonsan, CN, South Korea.

자끄엘륄총서 3
하나님이냐 돈이냐

지은이	자끄 엘륄 Jacques Ellul
옮긴이	양 명 수
개정판	2019년 7월 10일
펴낸이	배용하
책임편집	박민서
등록	제364-2008-000013호
펴낸 곳	도서출판 대장간
	www.daejanggan.org
등록한 곳	충청남도 논산시 가야곡면 매죽헌로1176번길 8-54
편집부	전화 (041) 742-1424
영업부	전화 (041) 742-1424 전송 0303-0959-1424
분류	기독교 │ 신앙생활 │ 돈
ISBN	978-89-7071-480-6 03230

이 책은 저작권법에 의해 보호를 받는 출판물입니다.
기록된 형태의 허락 없이는 무단 전재와 복제를 금합니다.

값 12,000원

하나님이냐 돈이냐
그리스도인의 선택 - 두 주인

자끄 엘륄 지음
양 명 수 옮김

L'homme et l'argent

Jacques Ellul

차례

역/자/서/문 • 12

1장, 문제해결의 실마리 • 17

2장, 구약성서의 부 • 43
1. 의로운 부자들 • 47
2. 부의 윤리 • 54
3. 보상과 축복으로서의 부 • 69
4. 성례로서의 부 • 77

3장, 하나님이냐 돈이냐 • 89
1. 돈의 권세 • 91
2. 돈의 유혹 • 112
3. 그리스도인의 선택 • 120

4장, 돈에 대한 교육 • 141
1. 돈의 유혹으로부터 단련하는 교육 • 143
2. 돈의 권세로부터 해방하는 교육 • 150
3. 자족하는 삶 • 158

5장, 부자와 가난한 자 • 167
1. 부자 • 169
2. 가난한 자 • 174
3. 하나님의 물음에 대한 응답 • 186
4. 명상 • 197

후기 • 203
엘륄의 저서(연대기순) 및 연구서 • 213

역/자/서/문

돈, 돈은 힘인 동시에 하나님이다. 돈만 있으면 안 되는 것이 없는 세상이다. 돈은 사람의 능력을 나타내는 징표일 뿐만 아니라 그 사람의 인격까지도 가늠하는 수단이다. 돈이 사람을 살리기도 하고 죽이기도 한다.

교회 역시 돈의 지배를 받고 있다. 돈이 있는 교회가 축복받은 교회요, 하나님이 함께하는 교회다. 돈은 세상을 지배하는 통치자일 뿐만 아니라, 거룩한 교회까지도 마음대로 지배하는 통치자가 되었다. 이제 기독교인들에게 '믿음으로 말미암은 의인' 이라는 것은 표어에 지나지 않고 '돈으로 말미암은 의인' 이 교리로 자리 잡게 되었는지도 모르겠다.

돈이 실질적으로 어떤 유용성과 구체적 사용가치를 가졌느냐는 별 의미가 없게 되었다. 돈이 자율성을 가지고 스스로 모든 것을 정당화하는 최고의 가치가 되었다. 돈과 하나님이 한자리에 앉아 있는 것이다.

이제 우리는 이 세상을 택하든지 하나님나라를 택하든지, 즉 돈을 택하든지 하나님을 택하든지 하여야 한다. 두 주인을 섬길 수는 없다.

물론 돈을 무시하고 살 수는 없다. 돈은 필요하다. 문제는 어떻게 돈의 권세를 하나님의 권세에 예속시키느냐에 있다.

이 문제에 관해 이 책은 훌륭한 상담자가 되어줄 것이다. 자끄 엘륄은 큰 신학자다. 그러므로 이 책에서 다루는 내용이 그리 단순하지는 않다. 그렇다고 결코 어려운 책은 아니다. 삶의 현장에서의 적용점들을 깊이 생각하고 읽으면 분명한 결론을 신앙고백으로 간직하게 될 것이다.

양명수

돈은
타인의 노동을
함당하게 착취하려는
교활한 수단이다.

1장.
문제해결의 실마리

기독교는
관념의 종교나
이상의 종교가 아니라
실천의 종교며
사실의 종교다

1장. 문제해결의 실마리

돈 문제를 언급할 때는, 누구나 자신이 처해 있는 사회적 상황, 다시 말해서 사회의 경제체제를 고려하지 않을 수 없다. 현대인들은 돈을 축재의 대상이나 부의 유일한 형태로만 생각하지는 않는 것 같다. 왜냐하면, 돈은 그보다 훨씬 복잡한 개념으로서, 기술적인 의미의 화폐라든가 경제적인 부 또는 경제력 등의 낱말로 대치되기도 하기 때문이다. 일상생활에서는 돈이란 용어가 경제학적인 용어로 사용되는 것이 아니라 보편적인 용어로 사용되고 있다. 또한, 일상생활에서 사용되고 있는 보편적인 용어에서도 '돈을 소유한다'는 말은 옛날처럼 화폐를 쌓아둔다는 뜻보다는 '지출능력을 갖추고 있다'(따라서 실제로 유통할 수 있는 능력이 생긴다)는 뜻이 더 강하다.

사회의 전반적인 경제생활을 생각지 않고는 돈에 대해 말할 수 없다. 화폐가 모든 경제현상과 얼마나 밀접하게 연관되어 있으며 그 둘이 서로 얼마나 예민하게 반응하는지는 누구나 잘 아는 사실이다. 그뿐만 아니라 돈을 벌고 쓰는 일이 개인적인 일이긴 하지만 경제작용이라고 하는 복잡한 구조를 떠나서는 이루어질 수 없다는 사실 또한 잘 알려졌다.

돈이 바로 이러한 총체적인 경제생활을 상징한다. 왜냐하면, 화폐는 가치척도와 부의 이전, 자본축적의 수단으로서 오로지 경제적인 기능만 가질 뿐이다. 또 넓은 의미의 돈이라는 것도 경제생활에 의하여 가치가 부여될 때만 가치를 갖기 때문이다. 이처럼 돈의 의미가 변형된 것은 지난 세기 동안 돈이 추상화되고 객관화된 결과라고 할 수 있다.

돈이 추상화되었다는 것은 돈의 가치를 개인이 자기 수중에 넣어둘 수 없다는 것을 뜻할 뿐만 아니라 더는 통화부호에 의미를 부여할 수 없게 되었다는 것을 뜻하기도 한다. 지폐만이 아니라 금액 기재를 통한 지급 방식도 이러한 추상화의 결과다.

이제 개인은 종이쪽지에 집착하는 것이 아니라 그 구매력에만 신경을 쓴다. 통화부호는 앞으로 더욱 추상화되어 경제계에 작용하게 될 것이다.

마찬가지로 객관화라는 것도, 돈을 취급하는 행위는 개인적인 행위가 아니라 더 크고 복잡한 조화에서 비롯되는 것이며, 개인 행위는 그것의 메아리에 지나지 않는다는 것을 의미한다. 엄밀히 말해서 개인과 돈의 관계는 더 존재하지 않는다. 돈은 이미 추상화되었고 객관화되었기 때문이다. 이때 돈의 윤리문제는 존재할 수 없게 된다.

엄격히 자연주의 관점에서 보면 한 개인이 '어떻게 버느냐?' 또는 '어떻게 쓰느냐?'에 대해서는 책임이 없다. 왜냐하면, 앞에서 말한 대로 주체적 역할을 하는 것은 경제작용이며, 그 속에 있는 우리는 중요한 요소가 아니기 때문이다. 고용주나 고용인 모두 그런 생각을 한다. 금은 돈의 아주 미미한 부분을 차지하므로 수전노守錢奴란 존재하지 않는다. 방탕아도 없고 고리대금업자도 없고 도둑도 없다. 이런 것들은 자연주의자들이 보기에는 모두 옛날이야기에나 나오는 것들이다.

정말 돈이 문제다. 그러나 이미 앞에서 말했듯이 이 돈의 문제는 그 자체로는 객관적이고 추상적인 문제다. 그래서 문제가 어떻게 해결되는지에 따라 각자의 태도가 결정된다. 각 개인에게는 이 결정을 한다거나 자신에게 물어본다거나 하는 것이 허락되지 않는다.

돈은 손으로 만질 수 없는 것으로서 하나의 '사실'이다. 즉 경제유형에 포함된 사실이다. 따라서 그것에 대해서 개인은 어떻게 해볼 방법이 없다. 그는 돈을 받는다. 그리고 지출한다. 그에게 무엇을 더 요구하겠는가? 그의 행위가 잘못되었다면 그가 속해 있는 경제관계가 변화되기를 바랄 수밖에 없다. 정말 돈이라는 것이 복잡한 사회구조와 밀접하게 연관된 한, 불의, 불평등, 무질서 등의 문제에 대해 우리가 개인으로서 할 만한 일이 무엇이 있겠는가?

돈의 추상화와 객관화를 사실로 받아들인다면 이제 다음과 같은 질문을 던져보자, 돈의 분배는 어떻게 이루어지는가? 이 질문이야말로 주목할 만한 가치가 있다. 그러나 그것 역시 객관적이고 추상적인 질문이다. 왜냐하면, 한 개인의 행위는 돈의 분배에 영향을 미칠 수 없기 때문이다. 그러므로 사람들은 체제로부터 분배의 방법을 찾는다. 체제란 자본주의, 협동조합주의, 사회주의, 공산주의 같은 것들을 가리킨다. 누구나 예외 없이 앞에서 제기한 질문을 전체적인 시각에서 해결하려고 한다. 돈의 문제를 해결하기 위해 경제문제 전체를 탐구해 들어간다는 말이다. 이러한 접근방식이 우리가 처해 있는 현실에 걸맞는 타당한 방식이다.

따라서 돈 문제를 말할 때는 으레 "우리는 어떤 방식으로 경제를 조직할 것인가?" 또는 "내게는 어떤 경제체제가 좋은가?" 라는 생각을 하게 된다. 그리고 이런 생각에 대해서는 "지금 현재로서는 돈 문제가 만족스럽지 못하다. 새 체제가 들어서서 현재 발생하고 있는 모든 돈 문제가 해결되어야 사정이 좀 좋아질 것이다"는 대답을 하게 된다.

윤리문제와 개인 문제는 집단적인 문제와 전체 경제체제의 문제 속에 묻혀버린다. 만일 어떤 이가 도둑이라면, 그것은 그의 잘못이 아니다. 그가 그렇게밖에 될 수 없는 경제조건이 문제가 된다. 가난한 이에 대해서도 마찬가지 이야기를 할 수 있을 것이며, 나아가 모든 경우를 같은 논리로 풀어갈 수 있다. 자본가가 노동자들을 착취하는 것도 상인이 암거래하는 것도 그들이 그렇게밖에 할 수 없는 객관적인 조건에 처해 있기 때문이다. 이처럼 전체와 체제가 개인의 행동보다 우선된다는 사실을 인정하게 되면, 현 상태의 불가피성을 인정하게 되고 결국은 돈을 향한 모든 행위는 정당성을 가지게 된다.

그런데 경제체제란 것은 어떠한가? 예를 들어 자본주의와 공산주의를 볼 때, 둘 중에서 어느 하나가 나머지 하나보다 더 낫다고 할 이유가 없다. 왜냐면 그 둘 다 거짓을 포함하고 있기 때문이다. 그 거짓이란, 책임을 회피하고 변명거리를 찾는 것을 의미한다. 그런데도 세상 사람들은 돈 문제에 관한 한 체제와 연관시켜 풀려고 한다. "돈 때문에 문제가 생긴다면 그것은 경제체제가 좋지 않기 때문이다. 그러므로 경제체제를 바꿔야 한다. 그러면 더는 돈 문제가 생기지 않을 것이다. 사람이 의롭고 선해져서 자기 돈을 어떻게 써야 할지 알게 된다. 더는 남의 돈을 탐내지 않게 된다. 돈을 가지고 여자나 공무원들을 유혹하지 않는다. 스스로 물질로 말미암아 타락하는 일이 없다. 다른 이의 물질적 어려움을 돌보게 된다. 축제도 낭비도 하지 않는다. 항상 더 많이 달라고 요구하는 일이 없게 된다. 축적된 재산으로 남을 지배하려는 일이 없게 된다. 돈을 가지고 남에게 모욕을 주는 일이 없게 된다. …"

그러나 이런 모든 현상이 가능한 경제체제라면 그것이 지독한 독재체제가 아닌 한, 곧 무너지고 말 것이다. 결국, 돈 문제를 전체적인 경제체제를 통해 해결하려는 것은 허구며 동시에 비겁한 태도다. 왜냐하면, 그것은 인간적 차원을 외면한 해결방식이기 때문이다. 그것은 마치 인간에게 감정과 악惡이 없는 것처럼, 마치 자본주의나 공산주의가 인간 존재와는 무관하게 추상적으로 세워지는 것처럼 생각하기 때문이다.

물론 마르크스는 자본주의가 '그 자체만으로' 악하며, 저절로 자본을 통한 인간의 파멸을 가져온다는 것을 입증하려 했다. 그러나 그 체제가 추구하는 정신에만 국한되지 않고 구체적인 사실과 역사적 상황을 연구해볼 때 자본주의가 착취로 나아갈 이유는 없었다는 것을 알 수 있다.

개인이익과 전체이익의 일치라는 아담 스미스Adam Smith의 사상은 이론상으로는 대단히 훌륭하다. 그러나 그것은 인간의 본성을 도외시한 이론이다. 인간이 중립적이라면 전체이익과 개인이익이 일치할 수 있다. 옳은 말이다. 그러나 인간은 중립적이 아니다. 인간은 돈에 관한 한 대단한 열정을 가지고 있다. 이 때문에 자본주의는 인간을 억압하고 노예화하고 마비시키는 기계가 된다. 그런데 자본주의를 버리고 진짜 자유주의로 돌아가거나, 사회주의 또는 공산주의를 세우자는 것 또한 망상이다.

'각자에게 그가 일한 만큼' 그리고 '각자에게 그가 필요한 만큼'이라는 원리는 아담 스미스의 이론만큼이나 훌륭하다. 따라서 이론적으로는 이 원리에 따라 세워진 사회는 훌륭해지지 않을 이유가 없다. 자본주의 역시 그 객관적 결과로 볼 때는 훌륭하다.

그러나 인간이 변하지 않는 한 이런 훌륭한 이론도 끔찍한 결과만을 낳을 뿐이다. 왜냐하면, 인간은 과학적인 객관성 속에서 행동하는 것이 아니라 끊임없이 힘을 추구하며 살아가고 있기 때문이다.

마르크스주의는 생활조건이 변하면 인간윤리도 변한다고 확신한다. 이러한 생각은, 인간 본성은 없고 인간의 조건만이 있다는 것을 전제하고 있다. 인간이 나쁘게 행동하는 것은 그가 나쁜 경제조건에 처해 있기 때문이라는 것이다. 그러나 한 가지 이러한 조건은 그 뿌리가 단단하며 선조 때부터 형성된 것이라 몇 년 만에 바뀔 성질의 것이 아니라는 점을 알아야 한다. 바꾸려면 매우 오랜 세월이 걸릴 것이다. 그러나 만일 인간을 자연 상태로 돌이켜 마르크스가 말한 완전한 체제를 세웠다 하더라도 인간은 자본주의를 부패시켰듯이 곧 체제를 부패시킬 것이다. 따라서 더 큰 인간복지를 위해 세워진 아름다운 마르크스주의 경제체제가 돈에 대한 열정으로 손상되지 않게 하려면 인간을 노예로 만들어야 한다. 경찰관과 정치인과 심리학자들을 동원해 인간을 노동과 선전과 두려움 속에 묶어두어야 할 것이다.

그러나 만일 자본주의도 1820년에 악랄한 독재자를 내세워 인간을 억압했다면 각자의 필요에 따라 나눠주는, 또 인간의 본성을 충족시키는 안정된 체제를 세웠을지 누가 알겠는가?

그렇지만 어떤 체제든 독재가 들어서면 또 다른 문제가 제기된다. 과연 그런 독재를 수반한 경제체제가 인간의 본성을 바꿀 수 있겠는가? 만일 바꿀 수 있다면 그것은 경제체제 덕분인가 아니면 경찰독재 덕분인가? 분명히 말하지만, 경제체제만으로는 그 일을 이룰 수 없다. 이와 같은 사실은 소련의 경우가 증명하는 바다. 여기서 한 가지 지적할 것이 있다. 독재체제가 인간의 본성을 바꾸는지는 알 수 없지만, 장기간의 독재는 인간성을 완전히 말살해버릴 수 있다는 것이다.

공산주의체제가 들어선 지 오랜 시간이 지났음에도 소련에는 아직 태업, 스파이, 이탈주의자, 세계주의자 등이 존재한다. 이들은 모두 돈에 욕심을 내서 당국에 의해 고발되었음을 기억하자. 이런 사실로 볼 때, 한 세

대가 완전히 지났건만 그들의 경제체제와 경찰 독재는 돈에 대한 열정이나 인간이 돈에 예속되는 것을 없애지는 못했다는 것을 알 수 있다. 전체주의 독재가 여러 세대 동안 계속되면 인간성은 산산조각이 나고 마침내 돈에 대한 취향은 물론 어떤 열정도 상실한 채 단순히 사회가 못박아놓은 모델을 닮아갈 가능성이 있다. 그때쯤 되면 돈의 문제는 해결될 것이다. 그러나 그것은 새로운 경제체제가 우월하기 때문이 아니라 인간성을 말살하는 독재 때문이다.

이와 비슷하지만 좀 더 신속하게 돈 문제와, 경제문제를 해결하는 방법이 있다. 모든 사람을 죽여 버리는 것이다! 실제로 자본주의체제는 전쟁을 통해, 공산주의체제는 혁명을 통해 대량학살을 감행하였던 것을 어떻게 이해할 것인가? 자본주의와 공산주의는 어떠한 경제체제로 움직여지든 돈에 대한 욕심에 눈이 어두워 경제 질서를 어지럽혔다는 죄목으로 꽤 많은 사람을 처단했다.

자본주의에서는 굶주린 프롤레타리아들이 체제를 위협한다. 그들은 돈을 요구하며 체제와 충돌하고 경제기능을 마비시킨다. 그래서 종종 전쟁을 통해서 질서를 잡는다. 사회주의에서는 부한 자들이 그런 짓을 한다. 그들은 자기 돈을 포기하고 싶지 않아서, 자신의 재산을 지키려고 싸우며, 공산주의 운동을 방해한다.

파시스트나 소비에트 조직이 잘되는 것을 방해하면서 인민과 국가의 재산을 착취하는 공무원들도 있다. 그래서 사회주의에서는 종종 피의 숙청을 통해서 질서를 잡는다. 그러나 인간은 돈에 대한 열정 때문에 계속해서 체제를 부패시킨다. 바로 여기서 체제를 통해 돈문제를 해결하려는 생각이 얼마나 허구인가를 알 수 있다. 이와 같은 생각은 덕과 명예에 대한 인간의 소망을 악용하는 허구다.

"정의를 원하는가? 그렇다면, 우리가 제시하는 경제체제를 수립하여 보라." 이것은 경제주의자들, 그리고 문제를 객관화시킬 수 있다고 믿는 이들이 가진 망상이다.

그것은 단순한 망상이 아니라 위선과 비겁이다. 그들은 모든 문제의 해결과 책임을 체제에 돌린 체 이렇게 말한다. "나 자신을 돌아본다거나, 돈을 더 의미 있게 쓰려고 노력한다거나, 탐내지 않는다거나 하는 것은 내 소관이 아니다. 나는 사회주의나 자유주의를 위해 싸우기만 하면 된다. 체제가 바르게 수립되면 모든 문제가 한꺼번에 풀리고, 나는 어려움 없이 의인이 된다. 나의 돈 문제도 그때 가면 완전히 해결될 것이다."

이와 같은 태도가 경제체제에 매달리는 사람들의 심리다. 예를 들어 자기가 불의하다고 생각하는 젊은 부르주아의 경우를 생각해보자. 돈이 많아서건 너무 쉽게 돈을 벌어서건 그의 마음이 편치 않다고 할 때, 그는 결코 자기의 돈 문제를 개인적인 차원에서 거론하려고 하지 않는다. 그 대신 그는 사회정의를 위해 일하는 정당에 가입하여 시간과 돈을 투자한다. 그렇게 함으로써 그는 새로운 경제 질서를 수립하는 데 이바지하고 있다고 믿으며 그 때문에 안심한다. 꺼림칙한 돈 문제에 맞부딪쳐 싸우는 것보다 그런 식으로 해결하는 것이 더 간단하다. 훨씬 쉽고 훨씬 편안하다.

사용주나 부르주아에 대한 증오심으로 가득 찬 노동자는 어떠한가? 돈을 벌기 위해 수단과 방법을 가리지 않겠다는 결심을 한 노동자가 있다면 그는 죄의식, 즉 이러한 증오심이나 돈에 대한 욕망을 없애려고 스스로 투쟁할 필요가 없다. 한 체제를 위해 싸우기만 하면 그의 증오심은 정의에 대한 열정으로, 그의 시기심은 혁명의지로 바뀌기 때문이다.

자본가나 상인도 마찬가지다. 그들은 돈의 법칙에 따라 노동자에게 최저임금을 주고, 경쟁자를 물리치고, 자의건 타의건 자기가 내쫓은 경쟁자의 자리에 앉아 그 일을 하게 될 때도, 그는 체제에 의해 정당화된다. 즉 자신이 생각하는 돈의 법칙은 자유에 대한 취향이 되고, 그의 탐욕은 합법적인 소명이 된다. 이처럼 체제는 모든 이에게 도피처를 제공한다. 여기에서 돈 문제는 개인적 차원의 문제가 아니다. 나는 내가 어떤 사람인가, 내가 무엇을 하는가에 대해 염려할 필요가 없다. 단지 일정한 체제만 추구하면 된다. 그 체제가 모든 문제를 해결해줄 것이며, 내가 개인적으로 부딪쳤던 모든 어려움을 총체적으로 해결해줄 것이기 때문이다.

돈 문제를 풀려고 경제체제에 집착하는 것은 핑곗거리를 만드는 것이다. 그는 그 핑계거리를 통해 아무것도 하지 않으면서도 마음 편히 지낸다. 물론 정당이나 노동조합에 참여하는 사람들이 아무 것도 하지 않는다는 뜻은 아니다. 오히려 그들의 열정적인 행동, 많은 연맹체, 그들이 뿌리는 전단, 그들이 내는 부과금, 방문활동에 대해서 나는 잘 알고 있다. 그러나 이러한 활동은 아무것도 하지 않은 것을 정당화하는 것이다. 내 돈, 내 일, 내 삶의 문제에 대해서는 신경 쓸 필요가 없다. 왜냐하면, 그는 그런 모든 문제를 해결해줄 수 있는 운동에 참여하고 있기 때문이다. 그러나 그런 태도는 삶의 현실과 돈의 위력을 모른 체하려는 대단히 손쉬운 도피 행각이다. 사실 그런 태도로 사는 사람들이 실제로는 자기 자신을 많이 희생시키고 있지만 손쉬운 도피 행각이라고 평가하는 이유는, 첫째 개인 문제가 저절로 해결될 거라는 확신을 하고 있고, 둘째 자신을 스스로 정당화하기 때문이다.

첫째 관점은 정치에 참여하는 대부분의 사람이 가진 공통된 관점이다. 이전에는 도덕적이고 영적인 문제에 부딪히면 각 개인이 스스로 선택하고 결정했다. 그는 자기 자신과 싸우고 스스로 이기고 덕德을 보여야 했다.

성서나 다른 문서들이 장엄하게 보여주는 인간과 돈의 관계에 대한 논의에서도 문제에 부딪쳤을 때 인간은 자기의 모습에 대해 책임을 져야 했다. 그러나 오늘날에는 집단참여의 메커니즘 때문에 자기 자신의 상황에 맞서야 할 필요가 없어졌다. 개인의 상황을 해결하고 자기 자신을 이겨야 할 필요가 사라졌다. 자기 개인의 차원에서 한 것은 의미가 없고 오직 공동행위를 통해서만 도덕적이고 영적인 문제들(자기 것뿐만 아니라 다른 사람들 것까지도)이 해결되는 것으로 생각하게 되었다. 인간은 바로 이때 마음 놓고 죄를 짓고 불의를 만들고 돈에 집착한다. 체제라는 방패가 있기 때문에, 이런 짓들이 문제가 되지 않는다. 오직 공동행위만 우리의 유일한 약속이요 보장이다. 그리고 동시에 우리를 의롭게 하는 것이다.

내가 개인적인 차원에서 좋은 일을 한다 해도 나는 전혀 의롭지 않다. 어떤 체제를 향해 공동행위를 했을 때만 나는 의로워진다. 그것이 구체적으로 어떤 체제냐는 중요하지 않다. 결국은 어떤 체제든 똑같은 특징을 갖고 있다. 어떻든 그렇게 해서 나는 계속 부를 쌓고 그 돈을 이용해 악한 짓을 할 수가 있다. 사회정의를 부르짖는 체제를 지지하기만 하면 내 돈과 내 처신이 한꺼번에 정당화된다.

그런데 다음 두 가지 사실에서 체제의 위력을 실감 나게 느낄 수 있다. 첫째는 자주 태도를 바꾸는 사람에 대한 체제주창자들의 비판이요, 둘째는 개인적인 주관을 따라 생활하는 사람에 대한 그들의 고발이다. 앞사람의 경우에는 위선자라는 비난이 쏟아진다. 자기 삶에 만족하지 못하여 변화를 추구하며, 자기 돈의 타당성, 자기 행동의 합리성 등에 대해 반성하나 늘 반성에만 머물고, 필요한 희생을 감수하거나 재산을 나누는 결정적인 행동을 실천하지 못하는 사람의 경우다. 체제주창자들은 그런 사람을 위선자라 부른다. 반면에 개인 문제를 체제옹호로 도피하는 행위는 현대인의 눈에 위선으로 보이지 않으니 이 얼마나 우스운 일인가?

두 번째는 자기 자신과 싸우되 집단행동에 가담하지 않는 사람의 경우다. 그런 사람은 아무것도 하지 않는 자, 행동을 거부하는 자로 비난받는다. 오늘날 돈에 대해 말할 때, 자본주의와 공산주의 둘 중에서 하나를 택하지 않으면 돈 문제에 대해 관심이 없는 사람으로 취급된다. 즉 개인적인 고민과 반성으로는 아무것도 이룰 수 없고, 문제의 심각성도 알 수 없다는 확신이 널리 퍼져 있는 것이다.

바로 여기서 행동과 윤리에 대한 오늘날의 보편적인 견해를 볼 수 있다. 드러나지 않은 행위, 목적 없는 행위는 행위가 아니다. 개인의 드러나지 않는 행동은 아무 효과가 없다. 집단행동만이 진리를 수행할 수 있다. 집단적으로 그리고 집단 전체를 위해 문제가 해결되지 않은 한, 해결된 것은 아무것도 없다. 그러나 우리는 집단적인 해결이 불가능함을 이미 보았다. 그리하여 참으로 이상한 일들이 벌어진다. 스스로 굉장히 불안하고 문제조차 제대로 파악하지 못하는 사람이 문제의 핵심에 앉아 있는 사람을 도피자로 규정한다. 또, 겉으로는 여러 가지 희생을 하지만, 실제로 중요한 것은 내놓지 않는 사람이 그런 삶에 대해 의문을 제기하는 사람을 아직 미숙한 자라고 매도한다. 자기 상대에 대해 잘 알지도 못하는 사람이, 행동하기 전에 먼저 알려는 사람이나 생각하고 계획을 짜려는 사람을 무능하다고 낙인찍는다.

물론, 사회적 차원을 도외시한 채 개인 문제를 보려는 자나 사회적인 결과와는 무관하게 해결점을 찾으려는 자에 대해서는 정당한 비판을 가해야 한다. 연구만 하고 행동으로 옮기지 못하는 인간의 일반적인 경향, 중요한 문제를 제기만 해 놓고 늘 수동적으로 머물러 있는 경향을 우리는 잘 알고 있다. 그러나 여기서 행동으로 옮기지 못하는 이유는 진리를 실현하기가 어렵기 때문이 아닌가. 그것은 아무것도 보지 않고 돌진하거나, 지식과 이해의 결핍으로 모든 사람이 기대하는 것과 반대의 결론으로 치닫거나, 가치와는 무관한 목표를 향해 삶을 바치는 모순된 행위보다 차라리 낫지 않은가? 차라리 수동적인 경향이 핑곗거리를 찾는 행위, 즉 일정한 체제에 몰입하는 행위보다 더 낫다고 본다. 개인행동이 전체문제를 해결하지는 못한다. 자본주의체제가 개인의 행위 때문에 변화되지는 않을 것이다. 개인행동이 전체상황을 위한 처방법이 되지 못한다. 그렇다고 정치·경제적인 집단행동이 더 좋은 해결책이라는 증거도 없다. 오늘날 사회주의가 자본주의의 모든 경제문제를 해결할 것이라는 확신이나 자유주의로 돌아가 국가의 권력을 제한하기만 하면 경제가 활성화되리라는 신념은 맹목적이고 모순된 믿음이다.

중요한 것은, 여러 가치 중에서 사람들로 하여금 선택하게 하는 일이다. 어떤 이들은 유물론자들처럼 돈과 경제문제에 대해서는 집단적인 해결에 우선권을 주어야 한다고 생각할 수도 있다. 그렇지만, 다른 사람들은, 하나님 앞에서의 개인적 '결단'이 중요하다고 생각할 수도 있을 것이다. 이 결단은 세월이 지나면 큰 결과를 가져올 수도 있다. 그러나 꼭 그러리라는 보장도 없다. 역사의 흐름은 하나님께 속해 있다. 따라서 만일 우리가 그리스도인으로서 그 흐름에 영향을 미칠 수 있다면, 그것은 무엇보다 먼저 그분의 의지에 대한 우리의 신실함을 통해서다. 인간에게서 그러한 신실함을 떼어놓으려는 모든 시도는, 그것이 제도의 변화를 가져오거나 대중운동을 일으키는 등 겉으로 보기에 큰일을 하는 것 같더라도 실상은 그리스도인의 힘을 감소시킨다.

그렇다고 집단행위나 타당한 이론을 찾으려는 노력이 모두 쓸모없다는 것은 아니다. 그러한 것들은 이차적인 것에 불과하다. 먼저 정신의 현실을 생각해야 한다. 다시 말하면 자기 개인이 겪는 문제에 먼저 응답할 줄 알아야 한다는 말이다. 돈 문제에 관한 한 현존하는 체제들은 무력하다. 여기서 체제문제를 자세히 분석할 수는 없다. 그러나 누구나 인정하는 기본적인 명제를 생각해보자. 그것은 '자본주의는 돈 관계를 맨 앞에 내세우는 사회·경제적 구조'라는 것이다.

돈이 별다른 위치를 차지하지 못하고 사람의 삶과 생각과 관심사에서 미미한 역할밖에 하지 못했던 중세시대를 벗어나자, 자본주의는 점차 개인적인 또는 집단적인 삶 전체를 돈에 예속시키기에 이르렀다.

돈은 사람의 행동과 그 됨됨이까지 측정하는 기준이 되었다. 국가, 법, 예술, 교회가 차례로 돈의 힘 앞에 무릎을 꿇었다. 물론 예외적인 현상은 있다. 돈에 예속될 것이 아니라, 돈이 이 모든 것에 예속되어야 한다는 것이 모든 사람의 생각이기는 하다. 그러나 그것은 생각일 뿐이다. 돈에 대한 예속현상은 정신세계가 갖는 의미의 상실신앙은 예외지만과 기술문명의 놀라운 성장으로 가속화되었다.

돈이 가져온 물질의 성취 앞에서 어떻게 돈을 진보의 원천으로 찬양하지 않을 수 있겠는가?

물질문명의 결과를 손에 넣을 수 있게 해주는 돈은 경제가치의 차원을 넘어서서 도덕적 가치, 윤리적 가치의 척도가 되었다.

마르크스는 돈과 자본주의 체제 아래에서 인간의 소외疎外를 정확하게 지적했다. 소유 때문에 존재가 상실되는 현상은 19세기에 크게 성장한 자본주의의 열매다. 그러므로 그리스도인은 자본주의에 집착할 수 없다. 왜냐하면, 앞에서 말한 자본주의의 병폐는 부수적이거나 일어나지 않을 수도 있었던 것이 아니기 때문이다. 다시 말해서 그 병폐는 자본주의 조직을 개선한다고 제거할 수 있는 성질의 것이 아니다. 그러한 병폐는 돈 버는 것을 삶의 목표로 설정한다면 피할 수 없는 결과다. 노동을 돈을 생산하는 것으로 이해할 때 돈에 대한 예속은 불가피하다. 그러한 병폐를 없애려면 돈의 우월권을 포기하고, 경제활동을 인간의 부수적 행위로 돌리고, 기술발전에 제동을 걸고, 개인적이고 정신적인 삶을 제일로 삼아야 한다. 다른 말로 정확히 표현하자면 자본주의를 부숴야 한다는 것이다. 그렇다고 다른 경제이론을 도입하거나 다른 체제를 세운다거나 할 필요는 없다. 그건 별개의 문제다.

사회주의는 더 나은가? 사회주의가 돈에 대한 인간의 예속과 불의한 경제구조를 이유로 자본주의를 비난하는 것은 타당한 일이다. 그들은 '각자에게 그가 일한 만큼'을 내세우며, '각자에게 그가 필요한 만큼'이라는 공산共産의 목표가 있다.

그런 것은 좋다. 그러나 그러한 목표를 어떻게 이룰 것인가? 사회주의는 무엇보다 먼저 인간의 노동 분량과 그 경제활동을 제한함으로써 목표를 이루고자 한다. 이러한 제한을 통해서 얻어지는 나머지 시간은 잉여분으로서 개인적이고 정신적인 삶을 누리고 인간의 복지를 위해 존재한다. 그러나 문제는 생산력에 있다. 아마 인간은 여태껏 해보지 못한 대단히 많은 노동을 해야 할 것이다. 그래야, 그 노동이 가져오는 생산력으로 사회주의 이상이 실현될 것이기 때문이다.

물론 사회주의체제가 정직하고, 생산물이 잘 분배되며, 부당하게 뒤로 빼돌리는 현상이 많지 않다는 사실은 인정받고 있다. 그러나 사회주의체제 역시 경제 우선주의의 사회임이 틀림없다. 인간의 활동이 사회 전체의 필요에 예속되어 있다. 사람에 따라서, 사회주의는 자본주의의 나쁜 점을 가져다가 그것을 이론적으로 정당화시킴으로써 극단까지 몰고 갔다고 말할 수도 있다. 사회주의 체제 내에서는 자본가에 대한 예속이 없다. 그러나 그는 철저히 생산에 예속되어 있다. 즉 경제생활이 삶의 기조를 이룬다.

바로 거기서 인간의 소외가 발생한다. 그것은 자본주의에서처럼 개인소유 안에서의 존재의 소멸은 아니지만 집단 소유 그리고 생산 활동 안에서의 존재의 소멸현상이다.

따라서 체제 간의 차이는 겉으로는 보기와는 달리 아주 미미한 것이다. 다른 활동에 대한 경제활동의 우위는 사회주의에서도 강력히 지지가 되는 바다. 이처럼 경제활동에 우위를 두는 것은 세속화된 생활태도에 뿌리를 박은 인류의 오류 중의 하나다. 그러면서도 이것은 강력한 호소력을 가지고 있어 누구나 당연한 것으로 받아들인다. 이와 같은 관점에서 볼 때 사회주의는 자본주의에서 나온 악의 열매에 불과하다.

물론, 사회주의에는 돈 문제가 없다. 그리고 자본주의와 사회주의에서 돈의 역할도 매우 다르다. 사회주의에서의 돈은 소유의 수단이나 인간을 억압하는 수단이 될 수 없다는 것은 분명하다. 사회주의에서는 돈이 모든 경제활동의 원동력이 아니다. 그 원동력은 국가다.

그러나 자세히 보면 사회주의에서도 돈의 역할이 그렇게 다르지 않음을 알 수 있다. 돈은 여전히 가치의 척도나 가치의 유통, 자본화의 기능을 갖고 있다. 물론 그런 기능이 개인의 손에서 발생하는 것은 아니지만 어떻든 그 기능이 존재하는 것은 사실이다. 돈이 권력의 도구가 아니라는 점에서 보면, 사회주의는 자본주의보다 진보된 체제다. 사회주의 현실이 이론과 일치한다면 그 진보는 엄청나게 클 것이다. 그러나 사회주의 경제에서의 돈의 기능이나 사람과 돈의 관계는 자본주의와 별다를 것이 없다. 돈의 형식이 조금 변화되는 것은 그리 큰일이 못된다. 곧 돈이 국가가 보유한 금의 양을 나타내거나(오늘날 자본주의에서는 그렇게 하고 있지 않다), 국가 자본 또는 히틀러 치하의 독일에서처럼 국가노동을 표시하거나, 구매할 수 있는 권리의 양을 나타내는 노동량을 표시하거나, 극단적인 사회주의의 경우에서처럼 돈이 물건을 자유롭게 집어올 수 있는 권한을 나타내는 표찰이 된다거나 하는 식의 변화는 조직의 유형에 따른 형식의 변화일 뿐이며 본질은 변한 것이 없다. 곧 돈의 현실은 다를 것이 없다.

분명히 말해서 사회주의 역시 자본주의와 마찬가지로 돈의 문제를 풀지 못한다. 어떤 면에서는 좀 더 정의롭게 보이지만, 다른 면에서는 더 억압적일 수 있다. 여하튼 사회주의는 총체적 자유를 주지 못하고 사람과 돈 사이의 위험한 관계를 청산하지도 못한다. 이 문제를 해결해 줄 경제체제는 없다. 돈 없이 움직이는 경제란 존재하지 않는다. 그것을 바라는 것은 유토피아적 발상이다. 매우 추상적이고 비합리적인 도식에서 그런 환상이 나온다. 자유경제든 계획경제든 경제생활이 존재하는 한, 그것은 돈과 연관되어 있고 돈은 그러한 경제생활의 표현임을 알 수 있다.

또한, 경제체제는 인간의 불균형이라는 문제에 부딪힌다. 체제는 사람과 돈의 관계를 해결할 수 없으며, 오히려 그 관계에 의해 붕괴될 위험을 늘 안고 있다. 돈 문제는 현실적으로 도저히 피할 수 없는 문제다. 이 문제에 부딪히고 싶지 않은 것이 보통 사람들의 심정이다. 왜냐하면, 돈 문제는 우선 인격적인 위기를 가져올 우려가 있을 뿐 아니라 문제를 총체적으로 해결할 방도가 보이지 않기 때문이다. 사실 돈 문제는 총체적으로 해결되지 않으면 아무것도 해결된 것이 없는 것처럼 보인다.

오늘날은 선전propaganda에 의해 인간성을 소멸시킬 수 있다. 그래서 인간을 체제 속에 완전히 끌어넣을 가능성을 예견할 수 있다. 거기에는 더는 인간이 없기 때문에 돈 문제도 없게 된다. 다만, 심리적인 역학구조만 있을 뿐이다. 인간성을 소멸시킬 때만이 사회조직의 문제와 돈에 점차 굴복해 가는 인간 열정의 문제를 동시에 해결할 수 있다.

그러나 우리가 그리스도인인 한 그런 해결방식은 도저히 취할 수 없으며, 그 길에 들어설 수 없다. 영적인 관점에서나 이성적인 관점에서나 사람이 체제보다 우선이기 때문이다. 개인의 우선성을 내세운다고 해서 문제를 객관적으로 해결할 수 없는 것은 아니다. 그러나 꼭 알아야 할 것은 문제를 객관적으로 해결해야 할 당위성은 없다는 것이다. 그리고 객관적 해결만이 진정한 사회참여는 아니라는 점이다. 어떤 운동에 동참하는 것이 곧 사회에 참여하는 것이라는 생각은 1950년의 사회학적 경향을 따라가는 것이며, 자유로운 선택을 가정한 집단적 충동에 복종하는 것이다. 항상 집단적 충동은 조심해야 한다. 그리고 그것이 객관적으로 타당할 때에 참여해야 한다. 그렇지 않으면 바울이 말한 대로 '거짓 교설狡說에 속아 넘어가는 자'가 되고 만다. 많은 그리스도인, 특히 18세기 중엽 이래 프랑스 개신교도들이 그러했음은 몹시 안타까운 사실이다.

오늘날 서너 개의 큰 경제체제 중에서 하나를 선택해야 한다면 어느 것을 취하겠는가? 사실 성서는 어떤 특정체제의 우월성에 대해 암시하는 바는 없다. 기독교 진리에 딱 들어맞는 경제구조는 없다. 그래서 우리가 어떤 것을 택한다고 해도 그 체제가 기독교 신앙을 대변할 수는 없다. 어떤 체제를 주창하고 공동행위 속에서 새로운 가치관을 추구할 수는 있다. 기독교는 그런 것을 금하지는 않는다. 자유주의든 집단주의든 사회주의든 자유롭게 택할 수 있다. 다만, 그리스도인에게는 다음과 같은 조건이 주어진다. 곧, 본질적으로 미흡한 그러한 처방법들에 대해 늘 회의를 가져야 하며, 그 체제가 기독교 신앙의 자연적이고 직접적인 귀결이 아님을 알아야 한다. 물론 기독교 신앙과 교리에 일치하는 체제가 없다는 것은 실망스러울지 모른다. 그러나 유의할 것은, 우리를 실망시키는 것은 기독교가 아니고 체제라는 점이다. 기독교는 지극히 현실적이다. 계시는 우리에게 인간과 세상의 현실이 어떠한지 뚜렷하게 보여준다. 그런데 현실을 근거로 어떤 체제를 세우기란 불가능하다. 왜냐하면, 어떤 체제도 그 현실에 딱 들어맞을 수는 없기 때문이다. 분명히, 세상의 어떤 체제에서도 정치·경제적 차원을 통해 기독교 신앙을 드러내지는 못하는 것이 현실이다. 사실, 큰 원리나 이성을 가지고 비전을 세울 수는 있다. 그런 체제는 철학적 관점 또는 방향성 면에서 기독교의 이상과 일치하는 것처럼 보일 수는 있다. 그러나 우리가 알아야 할 것은 기독교에 '이상'이란 없다는 것이다. 신앙과 앎은 곧바로 구체적 사실, 즉 인간의 현실과 연결된다. 이상이나 원리 등과는 무관하다.

물론 세부사항에 들어가면 반대 의견이 있을 수도 있다. 그러나 여기서는 경제의 일반적인 경향에서 살펴보자. 그 경우, 어떤 체제가 그리스도인에게 알맞게 보일지라도, 성서에 제시된 경제문제를 고찰하면, 그 체제라는 것이 하나님이 우리에게 제기하는 물음에 대한 응답이 되지 못함을 알 수 있다. 돈에 대해서도 마찬가지다. 성서가 제시하는 돈 문제를 현실의 측면에서 보면 어떤 체제도 타당한 답을 주지 못한다.

그렇다면, 이번에는 기독교가 총체적인 해답을 줄 수 있지 않을까? 그와 같은 생각도 할 만하다. 여기서 지난 몇 해 동안 정치의 장에서 일어났던 일들을 다시 거론하지는 않겠다. 그 정치문제에 관여했던 그리스도인들 대부분은 기독교 정치이론은 존재하지 않는다는 결론을 얻었다. 성서에서 출발하든 기독교의 기본교리에서 출발하든 그것은 불가능하다는 것이다.

이제 그 경험을 경제문제에 관련되는 한에서만 짤막하게 간추려보면 다음과 같다. 기독교에서 돈에 대한 교리를 세우는 것은 불가능하다. 왜냐하면, 성서에서 우리에게 주는 계시나 그리스도께서 태어나 죽으시고 부활하신 것은 돈 문제와는 무관하기 때문이다. 성서에서는 돈 버는 방법이나 조직의 방법을 제시하지 않는다. 구원의 관점에서 보면 세상 조직이라는 것은 분명히 좋아 보이는 일이다. 그러나 그것은 타락한 세상이다. 따라서 구원은 그와 같은 조직에 연계되지 않는다. 처음부터 구원을 목표한 하나님의 일은 결론적으로 사회·경제적 조직을 통해 나타나지 않는다. 성서 본문을 곡해하거나, 부당한 결론을 끌어내지 않는 한, 계시에서 어떤 체제를 유추해내는 것은 불가능하다. 왜냐하면, 구원은 체제가 아니기 때문이다.

의심할 여지없이, 돈의 문제는 매우 중요하다. 그러나 우리는 그 문제에 대해 체계적인 결론에 도달할 수 없다. 왜냐하면, 객관적인 해결은 불가능하기 때문이다. 성서에는 철학이나 정치학, 형이상학이 없다. 심지어 종교도 없다. 거기에 있는 것은 대화다. 나를 향한, 내가 한 일, 내가 바라는 것, 내가 의심하는 것에 대해 묻는, 궁극적으로 나 자신에 대해 묻는 말씀이 있을 뿐이다. 성서는 이러한 대화를 통해 돈에 대한 견해를 밝힌다. 그러한 대화에서 체제를 끌어낼 수 있을 만큼 객관적인 해답의 형태로 되어 있는 것은 아니다. 성서의 대화는 모든 것에 대한 진리를 전한다. 거기에 돈 문제도 포함된다. 성서의 대화는 진리는 객관적인 것도 아니며 주관적인 것도 아니라는 극적인 결론을 우리에게 전한다. 진리는 하나님과의 관계 안에서만 발견되는 것이다. 따라서 그 진리를 받은 사람이 다른 이에게 나누어주려면 먼저 그가 하나님과의 관계에 들어가게 해야 한다. 성서 본문에서 돈의 체제를 끄집어내려는 것은 완전히 헛수고다. 왜냐하면, 모든 인간은 이성적이거나 입증할 수 있거나 실용주의적이 아니기 때문이며 오히려 이런 형태의 유형과는 엄격하게 대조된다.

이제 돈에 대해 언급하는 성서 본문들의 특징을 세 가지로 나누어 살펴보자. 첫째, 돈에 대해 언급한 성서 본문들은 단편적인 계시일 뿐이다. 따라서 그 본문을 전체로부터 떼어내어 그 자체만을 객관적으로 고찰해서는 안 된다. 그 단편들은 자기 위치에서, 예수 그리스도 안에서 행하신 하나님의 일을 말하고 있다. 그러므로 그것들을 전체에서 분리할 수 없다.

둘째, 그 본문들은 하나님과 인간의 관계에 대해 말하고 있기 때문에(성서가 돈에 대해 말하는 것은 바로 이 관점에서다) 우리가 함부로 그것들을 사람과 돈의 관계에 대한 묘사로 이해해서는 안 된다. 그 본문들 뒤에는 이러한 인격화가 전제되어 있기 때문에 거기서 세상에 맞는 이념을 도출해낼 수 없다.

셋째, 그 본문들은 우리로 하여금 어떤 길에 들어가게 하는데, 그것은 합리적 선택이나 객관적 결론의 문제가 아니다. 성서 본문에는 결론이 없다. 결론은 하늘의 예루살렘과 우리의 부활 때에나 있다. 따라서 그것은 '해결'이 아니다. 오히려 우리를 어떤 길 위에 올려놓는다. 우리가 얻을 수 있는 유일한 해답은 살아가면서, 곧 길을 가면서 우리 스스로 얻는 것이다. 이처럼 체계적인 결론이 불가능하기 때문에 성서에서 이데올로기를 세울 수 없다. 그렇게 해서는 안 된다. 만일 이런 점을 받아들이지 않고 소위 '기독교다운 경제체제'라는 것을 세우고 운용한다 할지라도 얼마 가지 못할 것이다. 그것은 가장 지독한 위선이다.

성서는 사람에 대해서 말한다. 이 세상 안에 있는 사람 곧 조직이나 정치·경제력과의 관계 안에 있는 사람에 대해 말한다. 성서는 이러한 관계들에 대해서 철저히 현실주의적으로 말한다.(뒤에서 이러한 현실주의에 대해 고찰한다) 따라서 돈과 부에 대해 말하는 성서 본문에도 강한 현실주의가 반영되어 있다. 하나님은 사람들로 하여금 그러한 현실 한가운데서 살게 하신다. 하나님은 사람을 이상적 사회로 부르시는 것이 아니다. 산다는 것은 한편으로는 생존한다는 뜻이지만 다른 한편으로는 개인적 소명 또는 집단적 운영을 완수한다는 뜻이다. 하나님은, 국가는 곧 억압하는 힘이며 돈은 소유의 힘이 되는 죄악이 가득한 세상 한가운데로 그리스도인을 부르서서 자신의 뜻에 따라 무언가 특별한 것을 완수하게 하신다.

하나님은 우리에게 이 세상을 지상낙원으로 만들라고 하지 않으셨다. 하나님이 원하시는 것은 우리 각자가 이 세상 한가운데서 하나님의 뜻을 완수하는 것이다.

교회는 이 명령을 두 가지로 해석했다. 중세교회와 비잔틴교회, 그리고 어떤 의미에서는 정교회까지도 사회와 교회는 일치한다고 생각했다. 그리고 기독교 정신이 그 일치의 핵이다. 따라서 사회 구성원은 그리스도의 가르침에 합당하게 행동해야 한다. 돈 관계나 경제구조는 세상의 법을 따르지 않고 교회의 법을 따라야 한다. 사회 전체가 기독교의 계명을 쫓아야 한다. 물론 그런 사회는 성서에 나오는 사회는 아니다. 성서는 이방 사회만 말하고 있기 때문이다. 그러나 이제 상황이 바뀌었다. 이제 그리스도의 법이 모든 사람이 지켜야 할 의무가 되었으며, 그것을 지키지 않으면 명령 거역이요 불복종이다.

애석하게도 이처럼 사회 전체를 기독교화하려는 시도는 율법이 은혜 위에 서게 함으로써 결국 기독교의 본질을 거부하는 결과가 되고 만다. 그렇게 될 수밖에 없다. 왜냐하면, 피조물이 타락하여 있는 한, 세상은 세상이요 돈은 항상 돈이라는 것이 성서의 일관된 관점이기 때문이다. 중세교회는 돈을 멀리하게 함으로써(예를 들어 이자금지, 가난의 권면, 상행위 규제, 정당한 가격과 정당한 보수에 관한 이론, 구제 등) 언제나 유혹의 마귀 노릇을 하는 돈을 윤리화하고 그리스도화할 수 있다고 믿었다. 그리고 세상 것을 무의미하게 만들어버림으로써 돈을 무장해제시킬 수 있다고 믿었다. 그러나 그러한 꿈은 실현되지 않았다.

또 다른 해석은 루터교에서 나온 것인데 그것은 세상과 손을 떼는 태도다. 그리스도는 세상과 아무런 관련이 없다. 죄인의 왕국인 이 세상은 타락과 우둔함의 법을 따라 움직이면 된다. 성서의 말씀은 지극히 소수, 즉 그리스도인들에게만 해당한다. 따라서 종교의 영역과 세속의 영역이 존재한다. 세속 속에서 그리스도인은 아무런 할 일이 없다.

이런 식으로 도식화된 사고에는 계시의 또 다른 측면인 성육신이 결여되어 있다. 그리스도인의 참여없이 자기 법대로 돌아가는 세상은 유례없이 악한 세상이 된다. 거기에는 하나님의 말씀이 선포되거나 체험되는 일이 없어서 고삐 풀린 말처럼 된다. 종교개혁 이래 우리가 보아 온 바대로다.

그리스도인은 바로 이런 고삐 풀린 세상에 살도록 부름을 받았기 때문에, 다른 사람들처럼 돈의 법칙에 따라 돈을 사용하며 살아야 한다. 그러나 그는 당연히 자기 위치를 정당화할 방법을 찾는다. 자기의 믿음과 사회생활 사이에 다리를 놓으려 한다. 사회생활에서 활동범위가 넓으면 넓을수록 다리를 놓는 작업은 거북스러워진다. 마침내 그리스도인은 적극적이고 사려 깊으며 능력 있고 도덕적인 부르주아나 상인이 된다. 그는 성공한다. 그럴수록 더욱 자기의 성공을 정당화할 방법을 찾는다.

이제 우리는 개인적으로 하나님을 만나야 할 문제에 부딪히게 되었다. 이제 돈에 대한 두 가지 개념을 살펴볼 차례가 되었다. 이 두 개념은 특히 개신교에 널리 퍼져 있는 것들이다. 첫 번째는 돈은 하나님이 주는 축복이라는 생각이다. 뒤에서 재론하겠지만, 크게 보면 맞는 얘기다. 그러나 그리스도인은 돈을 축복의 증거로 삼으려 했다. 그래서 그들은 '돈=축복' 이라는 등식을 만들었던 것이다. 더 나아가 돈이 스스로 영적인 가치를 가지기도 한다.

모든 축복이 물질의 풍요를 가져오는 것이 사실이라면 돈과 재물은 모두 축복의 은혜라고 말할 수밖에 없을 것이다. 여기서 우리는 축복을 확실하게 파악할 수 있는 근거를 갖게 된다. 축복을 받았는지 받지 않았는지 확실하지 않을 때 돈을 가지고 판단하면 되니 얼마나 쉬운가! 돈을 가지고 있느냐 없느냐에 따라 은혜를 받았는지가 판가름난다.

사실 그리스도인에게 있어서 중요한 것은 축복이다. 그래서 기독교는 그 축복을 받으려면 무엇을 해야 할지 묻는 젊은이에게 이렇게 말한다. "부자가 되시오." 돈을 정복하는 것이 모든 행위의 목표이며 그것은 곧 영적인 정복의 증거다.

이런 식의 사고가 재물에 대한 미국인들의 태도를 결정했다는 사실은 이미 잘 알려졌다. 성서가 말하는 돈과 축복과의 관계를 정립해보자. 앞에서 말한 태도, 곧 돈과 축복은 원래 하나님의 자유처분에 달렸는데도 불구하고 둘을 일치시키는 행위, 또 하나님 차원에서의 성공과 세상 차원에서의 성공을 일치시키는 행위, 자기 정당화 등의 태도가 그릇되었음은 더 말할 나위가 없다.

오늘날 프랑스에 널리 퍼져 있는 좀 더 미묘한 개념은 '관리인' coréen, 피위탁자, stewardship이라는 개념이며, 이것은 또한 깔뱅주의 또는 신깔뱅주의적인 개념이다. 인간은 하나님이 세상을 운용하기 위해 뽑은 관리인이다. 결국, 부자는 더 많은 관리 가능성을 가진 관리인으로서, 다른 사람을 그 가능성에 참여시켜야 할 뿐 아니라 하나님께 관리사항을 보고해야 한다. 이런 식의 사고는 성서 본문을 전체적으로 고찰하지 않았다는 잘못이 있으나, 그 출발점이 그리 틀린 것만은 아니다. 그런데 여기서 한 가지 잊은 것이 있다. 만일 인간이 창세기 본문에 기록된 대로 하나님의 선한 관리인이라면, 그것은 어디까지나 창조질서 아래에서 관리인을 뜻하는 것이지 타락의 질서에 예속된 지금의 상황을 이야기하는 것이 아니란 사실이다. 곧 이렇게 주장하는 것은 두 질서 사이에 큰 사건이 발생했음을 잊은 것이다.

한편, 신앙인이 자기가 하나님의 재물을 가지고 있으므로 하나님을 위해 그것을 잘 관리해야 한다고 생각한다면, 그것은 신앙을 떠나서는 불가능하다. 현실적으로, 세상 사람들은 하나님을 밀쳐내고 불의한 재물을 자기 것으로 만들지 않는가. 이 경우 그는 관리인이 아니다. 그는 불의한 횡령자요, 사탄의 재물을 손에 쥐고 있는 자다. 그리스도인에게 해당하는 사고방식을 모든 사람에게 적용하려는 것은 무리다.

그러나 어쨌든, 이런 식의 관리인 개념도 실제적으로는 좋은 결과를 맺지 못한다. 이런 식의 생각을 하는 사람들은 그들이 여러 사람 중에 선택되어 세상사를 이끌고 다른 사람들을 이롭게 할 임무를 부여받았다고 믿는다. 결국, 그들은 자신들만이 택함을 받았다는 생각을 하게 된다. 그들을 제외한 다른 사람들은 다만 보호되어야 한다고 생각한다. 그들이 세상 재물을 가까이 하려면 자신과 같이 택함 받은 자의 인정을 받아야 한다고 생각한다. 그들은, 하나님께서 관리를 위해 능력 있는 자들을 뽑으셨으며 다른 사람들은 그 관리의 수혜자일 뿐이라고 생각한다.

물론 이 이론대로 우리는 다른 이들의 물질적 행동을 위해 노력해야 한다. 그러나 동시에 그들을 그 작업에 동참시켜야 한다. 왜냐하면, 세상 재물의 관리는 우리 힘만으로 되는 것이 아니기 때문이다. 더구나 하나님께 보고할 때는 세상 재물 전체가 어떻게 이용되고 공정하게 분배되었는가를 보고해야 할 것이다. 여하튼, 자기만이 스스로 관리인이라고 자부하고 다른 사람들을 배제하는 태도는 옳지 않다. 무사Moussat양은 다음과 같이 비난한다. "그런 태도는 하나님의 재물이 예수 그리스도에 속했다는 것, 곧 이웃과 소외된 사람에 속했다는 사실을 잊은 처사다."[1]

이제는 장황하게 말할 필요도 없이, 관리인의 태도는 재물이 우리 것이

---

1) Jeune Femme, juillet 1952.

아님을 늘 기억한다는 조건 아래에서만 유익하다. 그러나 그것이 자기 정당화를 가져올 때, 곧 성령에 맡겨야 할 것을 고착화하는 이론적 근거가 될 때, 그것은 타락하게 된다.

여기서, 기독교다운 경제이론을 세우려는 모든 노력은 벽에 부딪힌다. 우리는 끊임없이 용어와 논리의 체계를 세우려고 한다. 그리하여 누구나 지적으로 그리고 경제적으로 믿고 신뢰할 수 있는 이론을 세우고 싶어 한다. 그러나 성서의 계시는 그와 반대다. 성서에는 운동만이 있다. 성서가 계시하는 것은 급류의 힘과 속력을 갖고 있다. 급류 속에서는 아무것도 세울 수 없다. 그러나 운하를 파면 그 급류는 사라지고 만다. 하나님의 말씀을 끌어들여 경제이론을 만드는 일이 바로 운하를 파는 행위다. 그런데 급류를 그대로 두면 그것은 번개같은 속도로 사람에게 내려왔다가 다시 하나님께로 올라간다. 그리고 사람과 하나님 사이의 불필요한 어둠을 씻어버리고 하나님의 행위가 집결되는 한 점을 창조한다. 이 급류는 죽음과 재생을 거듭하며 끊임없이 흐른다. 이 흐름에 이론적 고착화가 있을 수 없다. 변증법적 과정도 부인된다. 여기서 돈에 대한 객관적인 설명이 성서의 계시와는 거리가 멀다는 것을 알 수 있다. 그것은 헛되고 부적합하다.

왜냐하면, 성령은 자신이 원하는 대로 불기 때문이다.

이제 우리는 그리스도인으로서 취할 세 번째 대안을 생각해야 할 때가 되었다. 앞의 두 태도는 세상의 승리와 그리스도인다운 삶의 정체성 상실이라는 결과를 낳고 말았다. 교회는 더는 돈의 세계를 좌지우지할 목적으로 앞에 나설 수 없으며, 그렇다고 돈과의 관계를 인격화하는 데 만족할 수도 없다.

돈과의 관계를 인격적으로 설정하려는 교회의 주장은 옳은 말이다. 그러나 우리는 비인격적인 세상에 속해 있다는 것이 문제다. 교회의 말이 고리대금업자에게 먹혀들어갈 리 없다. 따라서 교회로서도 돈의 위력을 부인할 수 없게 되었다.

그러나 교회는 세상에 순응해서는 안 된다. 오히려 교회는 진리를 재발견하고 진리의 성육신을 드러내야 한다. 교회는 세상에 의하여 이와 같은 문제에 직면하게 된다.

20세기 교회는 세상의 구조에도 인격적인 요소가 있다는 것을 인정함으로써 인간의 내면만을 향한 설교를 하는 것이 아니고 총체적 인격을 향해 설교하고 있다. 따라서 교회는 돈에 대한 교회 나름의 견해를 가지고 세상의 이론을 배척할지라도, 어떤 새로운 추상 속으로 도피하려는 의도로 그렇게 해서는 안 된다. 현실에 대한 추상적인 파악은 이 시대에 사는 현대인들에게는 맞지 않는다.

따라서 우리는 진리를 재발견해야 하는 자로 초대된다. 그러나 이 시도는 확고한 기반 위에서 출발해야 하는데, 교회는 현실과 부딪히면서, 그 영원하고도 현실적인 기반을 잃어버린 것 같다. 바로 그것을 되살려보려는 것이 이 책의 의도다. 그것을 되살리려는 이유는 옛 기반에 새로운 결과가 새겨져 있고, 교회는 천국의 제자가 된 서기관마다 마치 새것과 옛것을 그 곳간에서 내어오는 집주인과 같기 때문이다. 마13:52

2장,
구약성서의 부

돈을 벌기 위한 노동은
돈을 섬기는 우상숭배며
자기를 사랑하는 수단이지만,
거저 주시는 하나니의 은혜에 동참하는 노동은
하나님의 뜻에 순종하는 믿음이며
이웃을 사랑하는 수단이다.

2장, 구약성서의 부

돈과 재물이 사람들 사이에서 분쟁의 대상이 된 것은 비단 오늘날의 일만은 아니다. 인류 역사에서 이 문제는 언제나 사람들에게 골칫거리였다. 이 문제는 교회 안에도 있었고 하나님의 계시가 기록되어 있는 성서 안에도 있었다. 그리고 성서는 부에 대해 서로 모순되는 말을 하고 있다. 그러나 이와 같은 것은 염려할 바가 못 된다. 성서에는 거의 모든 주제에 대해 서로 모순되는 구절이 많이 있지만, 성령 안에서는 문제가 되지 않음을 우리는 잘 알고 있다.

그러나 부에 대해서는 상황이 조금 다르다. 부에 대해서는 서로 반대되는 이론들이 양립해 있다. 적어도 두 가지는 분명하게 지적할 수 있다. 그 모순 중에서 첫째의 모순은 신약성서과 구약성서 사이의 모순이다. 신약성서에서는 부를 정죄한다. 내가 아는 한 신약성서 중에서 부를 정당한 것으로 보는 곳은 한 곳도 없다. 그러나 구약성서에서는 부가 하나님이 바라시는, 하나님이 원하시는 것으로 묘사되어 있다. 신구약 성서 중에서 이 문제만큼 서로 날카롭게 대립하는 것은 아마 없을 것이다. 두 번째 모순은 구약성서 안에 있는 것으로서, 부자에 대한 판단과 부에 대한 판단 사이의 모순이다. 구약성서에서는 부는 좋고 의로운 것으로 여겨지는 데 반해, 부자는 거의 예외 없이 정죄되고 있다.2) 이것은 분명히 놀라운 사실이다. 풍부한 재물이 의인에게 주는 하나님의 선물이라면 그 부를 누리는 사람을 어떻게 정죄할 수 있을까? 물론 부자라고 하면 돈만 있는 것이 아니라 다른 것 지혜, 덕, 가족도 갖춘 사람임을 알아야 한다. 아무튼, 구약성서에 의하면 의롭고 모범적인 부자들도 존재하였다. 그러나 여기에서 분명히 알아야 할 것은 구약성서에 나오는 부자들의 의는 윤리적 덕행으로 말미암은 의가 아니며, 부를 의롭게 사용함으로 말미암은 의도 아니라는 것이다. 구약성서가 가르치는 의는 오히려 이와 반대로 그들이 의로워서 그들의 재물이 가치를 가진다는 것이다.

---

2) 이러한 모순을 풀기 위해 역사가들은 부자들을 정죄하는 본문이 거의 예언서에 있음을 지적하였다. 그렇게 되면 부자에 대한 구약성서의 전반적 사상이라기보다는 예언적 견해에 그치고 만다. 시대가 다르고 환경이 다르면 부자에 대한 다른 견해가 나올 수도 있다고 주장할 수 있게 된다. 그러나 이러한 논리는 그리 진실된 것 같지 않다. 오경에는 부자들에게 유리한 본문이, 그리고 예언서에는 부자들을 정죄하는 본문이 더 많은 것이 사실이다. 그러나 거기에서 어떤 역사적 진보를 추정할 수 없다. 예를 들어 오경은 그 형식으로 보아 예언서이다. 먼저 된 것이라는 주장이 있는데(역사가들은 이를 받아들이지 않는다), 9세기의 사회·정치적 상황에서 볼 때 부자를 옹호하는 태도는 납득할 수 없다. 또한 오경이 후대의 것이라는 주장이 있는데(일반적으로 받아들여지는 견해) 이 때에는 다음과 같은 두가지 점을 이해할 수 없다. 예언자들의 말씀에 비해 윤리적 측면이 후퇴한다는 전도서와 같은 더 후대 문서는 왜 부자를 정죄하는가 하는 것이다.
결국, 예언자적 위치와 사제적 위치를 가르는 것은 소용없는 것이다. 이처럼 둘을 대립시키는 것이 구약성서 안에 있는 모든 모순들을 깨끗이 해결해주는 것처럼 보이지만, 점점 현대 사학자들에게 의해 반격을 받고 있고, 그 가설 자체가 별로 오래 갈 것 같지 않다. 겉으로 보기에 모순돼 보이는 말들 사이에 통일성이 있다고 보고 그 모순은 역사적·사회적인 균열을 통해서가 아니라 사회적 껍질 뒤에 있는 영적 현실을 재발견함으로써 해결된다고 보는 것이 현명한 태도다. 그리고 한 가지 짚고 넘어가야 할 것은 오경에도 부자를 정죄하는 본문이 있다는 점이다.

1. 의로운 부자들

아브라함과 욥과 솔로몬이 구약성서에 나타나는 세 가지 유형의 의로운 부자들이다. 지금부터 그들의 의가 부에 대해 어떤 역할을 하였는지 살펴봄으로써 부의 의미를 생각해보자.

아브람은 큰 재산을 가지고 있었지만, 하나님의 부르심을 받자 즉시 그가 살던 우르를 떠났다. 아브람이 우르에 살 때 재산이 많이 있었음은 쉽게 짐작할 수 있다. 그는 그것을 포기하고 오직 하나님의 명령에 따라 그가 살던 우르를 떠났다. 이것이 아브람의 첫 번째 행위다. 아브람은 자기에게 선포된 하나님의 말씀에 순종하여 자신의 사회적 지위와 안정을 포기했다. 그는 자기가 살고 있던 지역을 떠남과 동시에 그가 가지고 있던 부도 포기했다. 하나님께서는 계시를 통하여 아브람과 그의 소유 사이에 개입하신 것이다.

우르의 지역적 환경으로 보아 아브람은 떠돌이 유목민이었으므로 가축 떼 외에는 재산이 별로 없었을 것이라고 보는 것은 문제의 핵심을 흐리게 한다. 우리는 성서 본문에 함축된 의미를 밝히는 것이 더 중요하다. 아브람은 자기의 재물 중에서 가축 떼, 종, 돈, 금과 같이 가져갈 수 있는 것은 다 가져간다. 그러나 아브람은 재물에는 조금도 집착하지 않는다. 그는 재물이 분쟁의 원인이 되는 것을 조금도 용납하지 않았다. 그는 분쟁을 피하려고 롯과 헤어지게 되었으며 또 그로 하여금 더 좋은 곳을 택하도록 한다. 순리대로 하자면 아브람에게 선택의 권한이 있었지만, 그는 기꺼이 롯의 선택에 따른다. 사실 그는 가축을 방목할 목초지를 구할 필요가 있었지만, 그 필요성에 집착하지 않고 스스로 자제한다. 그래서 롯은 가장 기름진 곳을 선택한다. 그리고 아브람은 사막과 산지를 얻은 것으로 만족해한다. 그러나 아브람이 그 땅을 소유할 것이라는 하나님의 약속을 받게 된 것은 부를 포기한 바로 그 순간이었다. 그는 자신의 기득권과 재물을 포기하였기 때문에 그 땅을 소유하게 될 것이라는 약속을 받게 된다. "네 눈에 비치는 온 땅을 너와 네 자손에게 주겠다." 이것은 물질적인 부도 현실적인 부도 아니며, 다만 약속일뿐이다. 그러나 그것은 하나님의 약속이다. 아브람은 그 때부터 말로만이 아니라 진짜로 하나님의 축복을 받은 사람의 대명사가 되었다. 그는 사람으로부터는 재물의 축복을 받으려 하지 않았다. 그 점은 아브람과 소돔 왕의 만남에서 잘 드러난다. 아브람은 소돔과 고모라의 재물을 약탈한 그돌라오멜을 쳐서 이겼으므로 모든 재물이 그의 수중에 들어왔다. 소돔 왕은 그 모든 재물을 아브람에게 주려 한다. 그러나 아브람은 소돔 왕의 제의를 사양한다. "아브람이 소돔 왕에게 이르되 천지의 주재이시요 지극히 높으신 하나님 여호와께 내가 손을 들어 맹세하노니 네 말이 내가 아브람으로 치부하게 하였다 할까 하여 네게 속한 것은 실 한 오라기나 들메끈 한 가닥도 내가 가지지 아니하리라 오직 젊은이들이 먹은 것과 나와 동행한 아넬과 에스골과 마므레의 분깃을 제할지니 그들이 그 분깃을 가질 것이니라." 창14:22~24

이 본문에서 우리는 사람으로부터 재물을 취하지 않으려는 아브람의 노력을 엿볼 수 있다. 이 구절을 잘 살펴보면 아브람은 단지 정치적 이유 때문에 소돔 왕의 호의를 사양한 것이 아님을 알 수 있다. 즉 아브람은, 선물을 받음으로써 소돔 왕과 가까워지는 것을 두려워해서가 아니라 하나님 때문에 소돔 왕의 제안을 거절했다. 아브람이 사람으로부터는 어떠한 재물도 받지 않으려 했던 이유는 하나님만이 하늘과 땅의 주인이기 때문이다. 사람으로부터 재물을 취하는 것은 하나님이 주인이심을 부인하는 것과 같다. 돈 버는 것을 가장 주요한 관심사로 삼고, 수단과 방법을 가리지 않고 돈들 벌겠다는 생각은 하나님이 만물의 주인 되심을 인정하지 않은 것이다. 하나님이 만물의 주인이라는 사실을 믿는 신앙은 말로써 끝나지 않고 사실로 입증되어야 한다.

아브람은 하나님만을 의지함으로써 소돔 왕으로 하여금 "아브람이 내 덕에 부자가 되었다"는 말을 하지 못하게 했다. "아브람이 내 덕에 부자가 되었다"고 말할 수 있는 분은 오직 하나님 한 분뿐이다. 이 말은 개인뿐만 아니라 교회와도 관계있는 말이다. 믿음의 조상인 아브람의 말에 의하면 교회는 이방 세력으로부터 재물을 받아서는 안 된다. 부자들의 헌금이 대부분은 자비심에서 시작될지라도 성서에 근거하지 않은 항목의 헌금이 많이 있다. 특히 국가보조금인 경우는 더욱 비성서적이다. 교회가 그 돈을 받으면, 교회가 그 돈을 아무리 유용하게 사용하였다 할지라도 세상 권세의 올무에서 벗어나기 어렵다. 그 세상 권세가 아무리 사심私心이 없다 해도 "교회가 내 덕에 부자가 되었다"는 말을 하게 하는 것은 좋은 일이 아니다. 교회가 이방 세력으로부터 재물을 받아 이방 세력으로 하여금 "내 덕에 부자가 되었다"는 말을 하게 할 지경이 되면, 교회는 세상 구설수에 빠지게 되고 교회 본연의 역할을 제대로 할 수 없게 된다.

창세기 14장에는 아브람이 왜 의로운 사람인지가 잘 나타나 있다. 우리는 욥기에서도 욥의 의가 아브람의 의와 똑같음을 볼 수 있다.

우리는 욥기에서 부는 처음부터 유혹이라는 사실을 보게 된다. 사탄은 "욥이 의롭고 청렴하고 곧은 이유는 그가 부자이며 하나님이 그를 축복하였기 때문이다"고 말한다. 가난한 자, 소외된 자, 노동자, 쁘띠 부르주아들이 자주 언급하는 말이 생각난다. "명예, 경건, 정의, 이런 것들은 사치품이다. 생활필수품이 충분할 때는 종교나 도덕을 추구할 수 있다. 그러나 가난할 때는 그런 부르주아들의 일에 신경 쓸 틈이 없다." 욥(아직 부르주아의 윤리는 없었지만 재물은 있는 시대의 인물)의 서문에서 알 수 있는 것은 오늘날 유행하는 공식이 바로 사탄이 하나님에게 한 말이라는 것이다. 그런 말을 퍼뜨리는 정당이나 조직은 사탄의 조직에 참여하는 것과 같다.

사탄은 "이제 주의 손을 펴서 그의 모든 소유물을 치소서. 그리하시면 정녕 대면하여 주를 욕하리다"고 말한다. 즉 하나님께서 재물을 거두시면 욥은 더는 의롭지 않게 될 것이라는 말이다. 문제는 욥이 무엇을 사랑하느냐는 것이다. 재물이냐, 하나님이냐? 우리는 재물과 하나님을 모두 사랑할 수는 없다. 어느 하나만을 택해야 한다. 욥은 재물을 잃었다. 그는 보통 사람이 되었다. 그리고 그는 모진 슬픔을 겪게 된다. 그는 겉옷을 찢고 머리를 깎았다. 하나님은 사람이 인간적인 감정을 갖는 것을 막지 않으신다. 하나님은 욥이 재물과 가족을 잃어 실의에 빠진 것을 책망하지 않으신다. 당신이라면 이와 같은 상황에 부닥쳤을 때 어떻게 할 것인가? 절망에 사로잡혀 하나님을 불의하다고 욕할 것인가? 절망에 사로잡혀 하나님을 불의하다고 욕할 것인가? 바로 이 점이 중요하다. 하나님께서 우리를 돕고 부유하게 하고 축복하실 때는 의로우시고, 우리를 벌하고 정죄하실 때는 불의하신가? 하나님이 축복하실 때만 하나님의 뜻을 용납한단 말인가?

욥은 그 상황을 이해할 수 없었지만, 다음과 같이 고백한다. "제 것은 모두 당신의 것입니다. 당신은 당신이 원하시는 대로 주시든지 가져가시든지 마음대로 할 수 있습니다. 저에게 있어서 중요한 것은 당신과의 교통이지 저에게 당분간 맡기신 재물이 아닙니다. 그러므로 저를 행복하고 풍요롭게 하였던 재물을 당신이 거두어 가신다 해도 저는 당신을 버리지 않을 것입니다."

정말 중요한 것은 정신적인 부다. 욥은 자기의 재물이 사라졌을 때에도 의로움을 잃지 않았다. 재물이 인생 전부인 것처럼 행동하지 마라. 오늘날 우리가 아브람과 욥으로부터 배울 수 있는 것은 "나는 돈보다 하나님을 더 사랑합니다"고 고백하는 것만으로는 부족하다는 것이다. 그것을 행동으로 보여주는 것이 중요하다.

스가랴 선지자도 말만 하는 것은 매우 위험한 것임을 지적하고 있다. "사들인 자들은 그들을 잡아도 죄가 없다 하고 판 자들은 말하기를 내가 부요하게 되었은즉 여호와께 찬송하리라 하고 그들의 목자들은 그들을 불쌍히 여기지 아니하는도다" 슥11:5 부자가 되었다고 하나님께 찬양을 드리는 것으로는 부족하다. 본문에 나타나 있듯이 그런 태도는 오히려 하나님의 화를 자초한다. 아무리 좋은 말도 행동으로 나타나는 증거가 없을 때는 의심스럽다. 하나님은 아브람이 보여준 것처럼 구체적인 증거를 요구하신다.

솔로몬의 의는 앞에서 본 아브람이나 욥과는 전혀 다르다. 처음에 하나님은 솔로몬을 욥이나 아브람과 같은 처지에 놓아두신다. 즉 솔로몬으로 하여금 선택하게 하신다. "내가 네게 무엇을 줄꼬 너는 구하라" 왕상3:5 솔로몬은 자신의 직무를 잘 알고 있다. 그는 다윗을 계승한 왕으로서의 정치를 정상으로 끌어올려야 하고 하나님에 의하여 선택된 왕으로서 성전을 지어야 했다. 이런 일을 위해서는 큰 권력과 많은 재물이 필요하다는 것을 솔로몬이 모르는 바는 아니었다. 그는 자신을 위해서가 아니라 하나님이 원하시는 사업을 위해서, 자신의 직무를 잘 수행하는 데 필요한 것들을 하나님께 요구할 수도 있었다. 그러나 하나님의 사업을 위해서 돈과 권력이 꼭 필요한가? 아니다. 그렇지는 않다. 솔로몬은 하나님의 백성을 잘 다스리도록 흑백을 가릴 수 있는 지혜를 요구했다. 백성을 판단하고 선악을 구별하려면 솔로몬이 요구한 대로 성령이 필요했다. 사실 하나님이 요구하신 물질적인 사업을 위해서도 물질보다는 성령이 더 유용하다. 물론 솔로몬에게 돈도 필요했을 것이다. 그러나 하나님께서 솔로몬에게 하신 말씀을 보면 돈이 첫째가 아님을 알 수 있다. "네가 장수나 부귀나 원수 갚는 것을 청하지 아니하고 … 내가 네 말대로 하여 네게 지혜롭고 총명한 마음을 주노니 … 또 너의 구하지 아니한 부와 영광도 네게 주노니." 우리는 이 말씀과 함께 예수의 말씀을 상기할 필요가 있다. "너희는 먼저 하나님의 나라와 그의 의를 구하라. 그리하면 이 모든 것을 더하여 주실 것이다."

물론 우리는 그런 결과를 미리 내다보고 계산에 넣어서는 안 된다. 하나님은 계산 잘하는 똑똑한 자를 좋아하지 않으신다. 그런 자는 하나님으로부터 어떤 것도 받을 수 없을 것이다. 이처럼 하나님은 솔로몬에게도 아브람이나 욥에게 했던 것과 똑같은 질문을 하신다. "너는 누구를 사랑하느냐?" 잘 아는 대로 솔로몬은 그 후 전능하고 부유한 왕이 된다. 그는 부를 포기하거나, 부나 하나님 중 어느 하나를 다시 선택해야 할 갈림길에 서지 않아도 되었다. 그러므로 솔로몬의 의는 아브람이나 욥의 의와 똑같다고 할 수는 없다. 실제로 그는 다윗과 솔로몬의 통치 전체가 그러하였듯이 하나의 표징이요 예언이었다. 그가 부자가 된 것은 한 개인의 자격으로 된 것이 아니며 또 그 자신을 위해서도 아니었다. 욥의 경우와 마찬가지로 그의 부 역시 그에게 속한 것이 아니었고 그의 의 역시 그 자신의 것이 아니었다. 그렇다고 그것이 과거의 하나님에게서 온 것도 아니다. 그것은 오실 하나님의 현현이다. 그 부는 다름 아니라 권능과 영광으로 세워질 하나님나라의 표징이다. 솔로몬은 바로 그 재물로 군사력을 일으키고 예루살렘을 재건하여 성전을 짓고 놀라운 보좌를 만든다. 이 모든 것은 마지막 때에 일어날 일을 가리키는 것이다. 그것은 수많은 하나님나라의 군사요, 새 예루살렘이요, 만민 앞에 오실 하나님의 현존이요, 영광의 보좌요, 산 자와 죽은 자를 가리러 오실 다윗 자손의 보좌인 것이다.

하나님은 자신의 영광과 권세와 부를 사람들에게 보여주고자 했다. 하나님은 솔로몬이 하나님의 영광을 드러낼 참 다윗의 자손임을 보여주고자 했다. 이 모든 것은 사람들에게 소망을 주기 위함이었다. 사실 솔로몬의 부는 이스라엘의 힘찬 소망이었다. 솔로몬의 존재 의미는 바로 여기에 있었다. 그 외에는 다른 의미가 없었다. 솔로몬이 부한 가운데서 의로운 자로 인정을 받게 된 것은 그의 재물이 그 자신의 것이 아니라 하나님나라에 속한 것이었기 때문이다. 그러므로 그가 가진 재물은 그가 원하는 대로 사용할 수 없다. 그는 오직 하나님을 위해 일하는 존재일 뿐이다.

그러나 다른 차원에서 살펴볼 때 솔로몬이 가졌던 부가 좋지 않은 결과를 가져왔다는 사실을 지적하지 않을 수 없다. 솔로몬시대는 그 어느 때보다도 이스라엘 백성에게 불행을 가져다준 시대다. 아브람이나 욥과 같은 사적인 사람은 자기들의 부로 다른 사람들을 괴롭히지 않았으며, 다른 사람들을 불행하게 함으로써 자신의 부를 축적하지도 않았다. 그러나 그 부자가 왕일 경우는 상황이 달라진다. 국가의 부는 백성이 노동한 대가로 이룩된다. 그러므로 국가가 부유해지고 강력해지면 백성들은 더욱더 과중한 세금과 부역에 시달리게 된다. 솔로몬의 경우가 바로 이러하다. 우리는 여기서 부가 가져오는 모순은 개인의 경우나 국가의 경우가 마찬가지임을 알 수 있다. 국가가 부를 관리하여도 부의 모순은 해결할 수 없다. 솔로몬은 일국의 왕으로서 그의 예언자적 기능을 통해 돈이 가져오는 결과를 피할 수도 있었으나 그러지 못하였다. 오히려 정반대의 결과를 가져왔다.

우리는 여기서 다음과 같은 사실을 배워야 한다. 예언의 행위가 아무리 의롭고 의미심장하고 신중하다 할지라도 그 행위는 역시 인간의 행위일 뿐이라는 사실이다. 아무리 하나님의 영광을 위하는 자의 행위라 할지라도 그 행위는 죄와 미완성과 불의로 가득 찬 인간의 행위다. 예언이란 앞으로

올 것의 그림자에 불과한 것이 아닌가? 예언자의 행위는 미래의 모습을 보여주는 행위다. 그러나 그가 사람들에게 보여주는 미래의 모습은 극히 제한된 일면의 모습에 불과하다. 부자 솔로몬은 하나님의 영광을 위한 예언자임은 분명하나 하나님의 자녀들에게 자유와 기쁨을 가져다주는 자는 아니다. 그래서 그는 자신의 부를 가지고 이스라엘 자녀를 억압하였다.

2. 부의 윤리

부가 의로울 수 있는 것은 윤리적 차원의 문제가 아니라 영적 차원의 문제임을 앞에서 살펴보았다. 욥과 솔로몬이 부에 대해 의로운 자로 인정받게 된 것은 그들이 정당하게 벌었거나 의롭게 사용하였기 때문이 아니다. 그들이 의롭게 된 것은 하나님과의 관계 때문이다. 부의 의와 윤리는 부로써 좋은 결과를 가져왔느냐 아니면 나쁜 결과를 가져왔느냐 하는 문제와는 상관없는 일이다. 그럼에도, 구약성서에는 그냥 지나칠 수 없는 부의 윤리가 있다.

이 윤리의 출발점은 부가 하나님의 것이라는 사실에 있다. 이런 주장은 모든 논의의 종지부를 찍는 것 같이 보인다. 그러나 이것은 그리 간단한 문제가 아니다. 인간의 삶과 영은 그렇게 단순하지도 않으며, 그 모든 문제는 단번에 해결될 문제도 아니다.

하나님은 만물의 주인답게 원하시는 대로 부를 처분하신다. 하나님은 자신이 선택한 사람에게 부를 허락하신다. 이것을 마음대로 결정하는 것은 하나님의 지혜다. 솔로몬은 이 지혜에 대해서 "그의 오른손에는 장수가 있고 그의 왼손에는 부귀가 있나니" 잠3:16라고 말한다. 이 문제는 하나님과 논쟁할 수 없는 성질의 것이다. 하나님은 자유로우시며, 마음대로 부하게도 하시며 가난하게도 하신다. 사무엘의 잉태를 기원하는 한나의 기도 속에 이 사실이 잘 나타나 있다. "여호와는 가난하게도 하시고 부하게도 하시며 낮추기도 하시고 높이기도 하시는 도다" 삼상2:7 그러므로 사람으로서 할 수 있는 일이란 하나님의 결정을 받아들이는 일 외에는 다른 일이 없다. 경건한 사람이 해야 할 일은 하나님의 주권을 인정하는 일이다. 이러한 입장이야말로 부에 대한 의로운 태도를 보이는 출발점이다. 역대상 29장 16절은 다윗의 마지막 기도다. "우리 하나님 여호와여 우리가 주의 거룩한 이름을 위하여 전을 건축하려고 미리 저축한 이 모든 물건이 다 주의 손에서 나왔사오니 다 주의 것이니이다." 여기서 한 가지 분명한 사실을 찾을 수 있다. 사람들은 성전을 지으려고 돈을 모으고 필요한 재료를 사고 필요한 조치를 했다. 그리고 그들은 이렇게 고백했다. "이 모든 것은 다 하나님이 주신 것이다. 사람의 노력에 의한 것 같이 보일지라도 이 모든 것은 하나님이 허락하신 것이다. 그러므로 하나님의 주권을 인정하지 않을 수 없다."

전도서 기자와 예언서 기자가 하는 말이 바로 이것이다. "사람이 하나님께서 그에게 주신 바 그 일평생에 먹고 마시며 해 아래에서 하는 모든 수고 중에서 낙樂을 보는 것이 선하고 아름다움을 내가 보았나니 그것이 그의 몫이로다" 전5:18 예언자들은 언제나 전도서 기자와 같은 이런 고백을 인정하지 않는 자 위에는 하나님의 심판이 내린다는 사실을 외쳤다. 스스로 부요하게 되었다는 사람들의 교만에 대해서 호세아는 이렇게 말하고 있다. "곡식과 새 포도주와 기름은 내가 저에게 준 것이요 저희가 바알을 위하여 쓴 은과 금도 내가 저에게 더하여 준 것이거늘 저가 알지 못하도다." 우리는 여기서 돈과 재물이 하나님께 속한 것을 시인하든지 아니면 부인하든지 둘 중 하나를 택하여야 한다는 사실을 알 수 있다. 이때, 돈이 하나님께 속한 것이 아니라는 생각이 현실에 대한 객관적인 자세라고 판단해서는 안 된다. 부에 대한 하나님의 주권성을 부인하면 윤리는 생각할 수 없게 된다. 인간이 부의 윤리를 창출할 수 있다고 생각해서는 안 된다. 하나님이 만물의 주인이심을 부인하는 것은 부를 사탄의 권세 아래에 두는 것과 마찬가지다. 신약성서에서 부를 사탄의 영역에 둔 것은 선택받은 백성이 하나님의 영광을 인정하지 않고 자기 것으로 생각했기 때문이다. 예수 그리스도께서는 사탄의 재물을 받지 않으신다. 그러므로 예수께서는 돈이 하나님께 속한 것을 부인하는 자는 받아들이지 않으신다.

구약성서에 나타난 부의 윤리는 출발점이 곧 한계점이기도 하다. 왜냐하면, 우리가 접할 수 있는 윤리적 교훈 중 그 어떤 것도 위에서 말한 소속관계 즉 모든 것이 하나님께 속했다는 사실을 벗어나서는 아무 의미가 없기 때문이다. 성서에 나타난 부의 윤리가 요구하는 의는 부가 하나님께 속했다는 고백이다. 그러므로 고백이 없는 윤리는 위선이다.

성서에서 위선의 가면을 쓴 재물의 이야기가 자주 나오는 것은 우연한 일이 아니다. 우리는 실제로 덕망을 갖춘 부자로부터 이 위선의 실례들을 자주 본다. 행실이 좋다고 하여 스스로 의롭다고 생각하는 부자는 그 의로움에 문제가 있다. 왜냐하면, 성서에서는 그런 부자의 의는 불의하다고 보기 때문이다. 그러므로 이 부자가 의롭다고 인정받으려면 그가 가진 부의 전체를 하나님께 돌리고 가난해질 때 그리고 하나님이 모든 재물의 주인이심을 인정할 때다.

스스로 문제의 핵심에 서지 않고 재물에 대한 하나님의 계명을 문자적으로만 준수하려 할 때 율법은 바울이 지적한 바와 같이 죽음의 도구요 죄의 권세가 되고 만다. 왜냐하면, 문자적으로 율법을 지켰을 때는 자신의 행위를 보고 스스로 의롭다고 생각하는 것과 자신의 내부에서는 실제로 하나님을 반역하는 것과의 모순을 드러내기 때문이다.

이 말은 돈을 가진 모든 사람에게 해당하는 말이다. 다시 말하면 구약성서에 나타난 계명은 모든 이스라엘 백성을 향한 교훈임을 잊지 말아야 한다.

십계명 중 첫째 계명은 윤리적인 계명으로도 볼 수 있다. 즉 이 계명은 부자가 되고 싶어 하는 인간의 성향과 부를 추구하는 방법에 대한 일종의 회의주의를 표현하고 있다. 또한, 이 계명은 돈을 버는 것을 인생 최대의 목표로 삼을 만한 가치가 없다는 것을 말해주고 있다. 돈의 주권이 어디에 있는지 알았다 하더라도, 돈을 얻으려고 하나님께 간구해서는 안된다. 하나님께서는 부를 얻기 위한 기도는 듣지 않으신다. 하나님께서는 우리에게 필요한 부를 주신다. 그래서 예수께서는 "먼저 그 나라와 그 의를 구하라. 그러면 이 모든 것을 더하여 주실 것이다"고 말씀하셨다. 이런 의미의 말은 이미 구약에서도 볼 수 있다. 솔로몬의 기도에 대한 하나님의 응답에서 이 사실을 찾을 수 있다. "부를 구하지 아니하고 지혜를 구하였은즉 부와 영광도 네게 주노니"왕상3:11, 13 그러므로 하나님 앞에서 부를 위해 기도하는 것은 옳은 태도가 아니다. 우리가 할 수 있는 유일한 기도는 잠언에 있는 "나를 가난하게도 마옵시고 부하게도 마옵시고 오직 필요한 양식으로 나를 먹이시옵소서"잠30:8라는 말이다. 성서에 의하면 하나님께 재물을 달라고 기도하거나 돈을 벌게 해달라고 기도해서는 안 되며 부를 얻기 위한 목적으로 자신의 노동력을 투자해서도 안 된다.

이와 같은 주장은 문화적 측면을 생각하지 않았기 때문에 기져온 결과라고 반박하는 사람들도 있다. 즉, 이스라엘인들은 주로 농사를 짓고 유목생활을 하였기 때문에 돈을 모르거나 돈을 경시하는 시대적 상황 속에서 살았기 때문이라고 한다. 그러나 위에서 언급한 성서 본문들은 이스라엘이 가나안 땅에 정착하여 부유한 이웃들과두로 접촉하던 때였으며 헬레니 즘을 대표하는 사람들과 교역하던 때의 본문들이다. 더욱이 이스라엘은 이미 솔로몬 치하에서 부를 체험하였다. 그러므로 성서 때문에 나타난 부의 윤리는 이스라엘이 부해질 수 있는 상황에서, 부의 문제가 생겨나게 되고 많은 사람이 부자가 되어야겠다는 유혹을 느꼈기 때문에 생겨나게 된 것이다.

그런데 부에 대한 이와 같은 윤리적 판단은 사회적이고 경제적인 질서에서 생겨나게 된 것이 아니고 영적이고 윤리적인 동기에 기초해 있는 것이며 인간의 본성을 파악하고 나서 나온 판단이다. 부는 허영일 뿐이다. "부자 되기에 애쓰지 말고 네 사사로운 지혜를 버릴지어다 네가 어찌 허무한 것에 주목하겠느냐 정녕히 재물은 스스로 날개를 내어 하늘을 나는 독수리처럼 날아가리라" 잠23:4, 5 부자가 되겠다는 욕망을 가지게 되면 필연적으로 명예스럽지 못한 상황에 빠지고 만다. "충성된 자는 복이 많아도 속히 부하고자 하는 자는 형벌을 면하지 못하리라." 잠28:20

인간의 활동이나 노동의 목적이 문제의 핵심이다. 어떤 경우에라도 재물을 위해 노동해서는 안 된다. 개인적인 재물은 말할 것도 없지만, 집단적인 재물도 노동의 목적이 되어서는 안 된다. 유대인들은 개인의 부와 집단의 부를 별개로 생각했지만, 하나님께서 허락하신 솔로몬의 부이것은 국가의 부였다 역시 지탄의 대상이 되지 않았던가? 성서에서는 집단적인 부도 개인적인 부와 마찬가지다. 이 부는 모두 똑같은 위험을 안고 있다.

부는 유혹이다. 부 자체는 악이 아니라 유혹이다. 유혹이 어떠한 결과를 가져왔는지 잊지 말자. 진짜 유혹은 아담을 타락하게 한 유혹이었다고 말할 수 있다. 그러나 그 이후로 이 유혹은 강력한 힘으로써 타락이라는 결과를 거져왔다. 인간은 본성적으로 유혹 앞에서 의연하지 못하다. 인간은 틀림없이 유혹에 지고 만다. 왜냐하면, 그는 악에 참여하고 있을 뿐만 아니라, 유혹에 저항할 힘이 없기 때문이다. 그는 타락의 법에 얽매여 있기 때문에 번번이 유혹에 넘어가고 만다. 그러므로 부가 유혹이라는 말은 부가 중립적이 아니라는 뜻이다. 부는 사람과 관계를 맺을 때, 인간의 위대한 정신과 가치를 드러내는 것이 아니라 오히려 인간의 악을 주로 드러낸다. 부는 타락의 기회다. 이와 관련하여 우리는 다음의 두 가지를 지적할 수 있다.

사람은 하나님보다 재물에 더 신뢰를 두는 경향이 있기 때문에, 부는 타락하게 하는 유혹이다. 이것은 성서에서 자주 지적하는 문제다. 이 문제는 분명하고 일반적인 진리기에 장황하게 설명할 필요가 없다. 일단 부의 힘을 소유하게 된 사람은 자신의 사랑과 소망과 안전을 그 힘에 의지하려 한다. 왜냐하면, 사람은 하나님이 약속하고 주시는 것보다는 당장 눈에 보이는 것을 더 좋아하기 때문이다. 시49:7; 52:9; 62:11 이것은 어쩔 수 없는 인간의 본성인 것 같다. 인간은 보통 재물과 돈 위에 앉아서 이렇게 말한다. "영혼아, 여러 해 동안 쓰기에 넉넉한 좋은 물건들을 많이 쌓아두었으니 너는 안심하고 먹고 마시고 즐기라." 많은 재물을 가지고 있으면서 의롭게 되기란 참으로 어렵다. 의란 다름이 아니라 하나님의 행위에 절대적으로 복종하는 것이다.

또한, 물질의 풍요는 하나님을 무시하게 한다. 물질의 풍요는 하나님을 모르게 할 뿐 아니라 하나님을 거부하게도 한다. 이것이 바로 유혹의 두 번째 측면이다. "나로 부하게도 마옵시고 … 혹 내가 배불러서 하나님을 모른다 여호와가 누구냐 할까 하오며 혹 내가 가난하여 도적질하고 내 하나님의 이름을 욕되게 할까 두려워함이니이다" 잠30:8, 9 사람은 배가 부르면 교만해지기 마련이다. "그들이 먹여 준 대로 배가 불렀고 배가 부르니 그들의 마음이 교만하여 이로 말미암아 나를 잊었느니라"호13:6 두로 왕에 대한 하나님의 책망을 기억하자. 겔28장 참조 모든 풍요는 하나님이 주시는 것이다. 그런데도 사람들은 하나님의 영광을 탈취하여 자신의 것으로 만든다. 사람들은 영광을 하나님께 돌리지 않고 스스로 영광을 받으려고만 한다. 그들은 부의 힘으로 하나님의 자리를 차지한다. 이와 같은 현상은 경제성장이라는 화려한 발전 때문에 생긴다. 오늘날의 세계는 재물이 차고 넘쳐 가난한 사람들까지도 부자들의 정신에 동참하게 되었다. 이제 우리는 이렇게 말한다. "세상에 사람과 견줄 만한 것이 무엇이 있겠는가? 인간은 결국 자연의 힘을 정복했으며, 부를 축적했으며 필요한 모든 것을 생산해낼 수 있게 되었다. 이제 인간은 풍요의 시대를 누릴 수 있게 되었다. 나 자신은 아직 그렇지 못하지만, 곧 그렇게 될 것이다." 이것이 사람으로 하여금 하나님을 조롱하게 하는 유혹의 모습이다. 인간의 교만은 여기서 그치지 않고 한 걸음 더 나아가, 스스로 의를 창출함으로써 하나님과는 점점 더 멀어지게 되었다. "나는 실로 부자라 내가 재물을 얻었는데 내가 수고한 모든 것 중에서 죄라 할 만한 불의를 내게서 찾아낼 자 없으리라"고 에브라임은 말하였다. 호12:8 용감무쌍하게도 인간은 모든 명예를 다 차지하려고 한다. 이것이 현대문명의 잘못이다. 오늘날 우리는 이 세상의 모든 재물은 인간 노력의 대가라고 말한다. 자본주의와 공산주의 논쟁의 핵심은 누가 재물을 차지하느냐는 것이다. 그러나 자본주의와 공산주의는 사람이 정말 의로워질 수 있느냐에 대해서는 논쟁하지 않는다. 이들은 사람이 의롭다는 것은 당연한 사실로 받아들이는 것 같다.

그러나 애석하게도 하나님은 그렇게 생각하지 않으신다. "내가 재물을 얻었는데 무릇 나의 수고한 중에서 죄라 할 만한 불의를 발견할 자 없으리라"고 말하는 사람을 향해 하나님께서는 다음과 같이 분명히 말씀하셨다.

"나는 네 하나님 여호와니라." 호12:9 이 말씀은 문제의 핵심을 찌르는 말이다. 인간은 하나님의 주권에 대해 자신의 독립성을 확인하려고 하며 자신의 부가 정당함을 주장하고 싶어한다. 그러나 정당하다는 판단은, 즉 의롭게 여김을 받는 것은 자기보다 상위의 존재에 의해 인정받는 것을 말한다. 피고인은 스스로 의롭다고 생각하기 때문에 의로워지는 것이 아니라 재판관이 의롭다고 판결해야 의로워지는 것이다. 인간이 의롭다는 것은 그를 의롭게 하는 어떤 것, 즉 자신보다 상위의 힘으로 의롭다는 인정을 받았다는 뜻이다. 그런데 현대인에게는 이 상위의 힘이 바로 노동의 힘이다. 그래서 하나님은 다음과 같이 명령하신다. "너는 네 손이 이룩해놓은 것을 공경하지 말라." 이 말의 뜻은 "네 일을 통해 너 자신을 의롭다고 생각하지 말라"는 뜻이다. 따라서 큰 재물을 가진 사람이라 해서 그 재물을 자신이 일한 대가로 여기는 것은 아주 잘못된 일이다. 이런 자는 윤리적 차원을 벗어난 영적인 차원에서 하나님을 무시하고 하나님의 주인 되심을 거부하는 죄를 범하는 자다.

이와 같은 죄는 매우 뿌리 깊은 죄다. 왜냐하면, 이와 같은 상황에서는 누구도 죄에서 벗어날 수 없기 때문이다. 사람은 언제나 불의한 방법으로 재물을 취하므로 저주를 받든지, 아니면 정직한 수단으로 벌었기 때문에 스스로 의인이라 자처하므로 저주를 받든지 둘 중 하나다. 어느 경우든 하나님의 저주를 받기는 마찬가지다. 현실 속에서는 이 두 길 외에는 다른 길이 없다. 물론 철학자들은 상상력을 발휘하여 다른 길을 가정할 수도 있다. 그리고 성서에서도 이 두 길만이 길이라고 하지는 않았다. 그러나 상상이나 가정의 세계를 떠나 현실을 생각해볼 때는 위의 사실을 인정하지 않을 수 없다. 이것은 모두 인간의 본성 때문이다. 하나님께서는 우리에게 계시를 통해 그렇게 되라고 하지는 않으셨다. 그러나 결과적으로 그렇게 되고 말았다.

그렇다고 해서 부의 윤리문제를 배제하자는 것은 아니다. 실제로 성서에는 재물의 취득과 사용에 대한 의와 불의의 기준과 그 기준이 될 만한 암시들이 제시되어 있다. 그러나 그 성서구절이 의로운 부와 불의한 부를 구별할 수 있는 가치의 기준은 될 수 없음을 잊지 말아야 한다. "망령되이 얻은 재물은 줄어가고 손으로 모은 것은 늘어가느니라" 잠13:11 는 말씀은 일반적인 현상을 말하는 것이지 하나님 앞에서의 의나 인간의 운명을 말하는 것은 아니다.

어떤 부자의 부가 사람들의 비난 대상이 되면 그 부를 불의한 방법으로 얻은 재물이라고 단정할 수 없으며, 또 어떤 부자의 부가 사람들의 인정을 받는다고 할지라도 그 부를 올바른 방법으로 모은 것이라고 단정할 수 없다. 불의한 행동을 하는 사람은 징계를 받거나 이 땅에서 쫓겨날 것 같지만, 현실은 그렇지 않다. 그러므로 불의한 자가 부자가 되고 번창한다고 해서 그 사람을 의로운 자라고 할 수 없다. 물론 불의한 자가 부자가 되는 행운을 잡았을 때 의롭게 보일 수도 있다. 그러나 명심해야 할 것은 전체를 보아야 한다는 것이다. "불의로 치부하는 자는 자고새가 낳지 아니한 알을 품음 같아서 그의 중년에 그것이 떠나겠고 마침내 어리석은 자가 되리라." 렘17:11 이러한 의미의 말은 구약성서에 자주 등장한다. 즉 악한 자는 마침내 이 땅에서 벌을 받으리라는 것이다. 여기서 말하는 '마침내'는 죽음의 고통을 가리키는 것으로 보아야 할 것이다. 죽은 자는 세상의 재물을 가져가지 못한다는 말은 의미 있는 신념이긴 하지만 결정적인 교훈은 되지 못한다.

부의 윤리는 재산의 소유에 관한 문제뿐만 아니라 재산의 사용에 관한 문제도 취급한다. 재산의 사용에도 합법적이고 도덕적인 원칙이 있다. 부를 가진 사람은 하나님에 대한 의무를 지는 사람이다. 욥이 열거하였듯이 부자는 가난한 자를 구제하고 사람들의 필요를 알고 보살펴야 한다. 부유한 사람은 불행한 사람들의 말을 듣고 그들을 돕고자 언제든지 자신의 재산을 처분할 준비가 되어 있어야 한다. 이것은 부를 가진 대가다. 이와 같은 자세가 재산을 옳게 사용할 수 있는 유일한 길이다. 성서는 부자에 대한 가난한 자들의 권리도 언급하고 있다. 잠언 31장 5절에 보면, 항상 불행하고 가난한 자들을 생각하고 그들의 권리를 세워주어야 한다고 말한다.3) 그러므로 부자가 가난한 자들에게 재산을 나누어준다고 해서 그것이 그의 덕행이나 공적이 될 수는 없다. 그는 단지 그 자신의 의무를 이행했을 뿐이다. 잠언에서 가난한 자들의 권리를 세우라는 말은 가난한 자들에게 재산을 나누어주라는 뜻이다. 가난한 자들은 그가 불쌍한 사람이라는 이유만으로 부자로부터 재산을 나누어 받을 권리가 있다. 이 권리가 거부당할 때는 하나님께서 개입하셔서 그 권리를 회복시킬 수밖에 없다. 이것이 바로 부자가 하나님나라에 들어가기 어려운 이유 중 하나다.

그러나 가난한 자에 대한 부자의 행위가 우연히 그리고 일시적이거나 예외적으로 이루어져서는 안 된다. 이와 같은 행위를 할 때 명심해야 할 것은 하나님을 먼저 생각해야 한다는 것이다. 하나님은 가장 먼저 섬김을 받아야 할 분이다. "네 재물과 네 소산물의 처음 익은 열매로 여호와를 공경하라" 잠3:9 사실 그리스도인이 가장 먼저 해야 할 일은 하나님이 모든 부의 주인이심을 인정하는 것이다. 이 말은 생소한 이야기가 아니다. 그리스도인은 차라리 다른 사람의 땅에서 일하는 사람, 그래서 그 주인에게 곡물을

---

3) 가난한 자의 청원이 법의 기초 중 하나라는 사실은 나의 책 『법의 신학적 기초』 *Le fondement théologique du droit*에서 강조한 바 있다.

바쳐야 하는 관리인이라고 하는 편이 낫다. 그러나 그리스도인을 관리인으로 생각하는 데도 여러 가지 문제가 있다. 관리인은 마음대로 재산을 늘려도 좋은가? 인간은 누구나 끊임없이 재산을 늘리고 싶어 한다. 그렇다면, 돈을 의롭게 사용한다는 말은 돈을 증식시키지 않고 일정한 용도에만 제한하여 사용한다는 말인가?

어떠한 경우든, 돈을 의롭게 사용하려고 하면, 그 돈을 사람이나 하나님의 말씀보다 더 가치 있는 것으로 생각해서는 안 된다. 그러나 이스라엘 사람들은 돈을 사람이나 하나님보다 먼저 생각하였다. "이스라엘의 서너 가지 죄로 말미암아 내가 그 벌을 돌이키지 아니하리니 이는 그들이 은을 받고 의인을 팔며 신 한 켤레를 받고 가난한 자를 팔며" 암2:6 부자라 해서 가난한 사람의 재산을 가져갈 권리는 없다. 어떠한 경우든 돈으로 사람을 지배하는 사람은 하나님의 저주를 받는다. 이 말은 두말할 나위도 없이 자본주의를 향한 경고다. 즉 돈을 매개로 기업인과 노동자 혹은 주인과 점원과 같은 지배관계를 형성하는 자본주의에 대한 경고다.

또한, 돈으로 사회적 특권을 취하거나 하나님의 말씀을 가로채는 부자에게도 마찬가지의 저주가 내린다. "그들의 우두머리들은 뇌물을 위하여 재판하며 그들의 제사장은 삯을 위하여 교훈하며 그들의 선지자는 돈을 위하여 점을 치면서도" 미3:11 재판관이나 제사장들도 돈의 유혹에 민감한 반응을 보이기는 마찬가지다. 여기에서 심각한 문제는 불의 그 자체에 있는 것이 아니다. 제사장이 타락하였다는 것 그 자체도 아니다. 문제는 하나님의 말씀을 돈의 노예로 만드는 행위다. 이점을 생각하면서 오늘의 교회를 돌이켜보라. 교회를 유지하는 자본가들이나 돈을 갖고 있는 조직들에 대해 하나님의 말씀이 어느 정도 자유로운지 생각해보라.

이 문제 역시 재물에 대한 하나님의 주권을 인정하느냐 그렇지 않으냐의 문제다. 이 모든 문제에도 불구하고 돈의 옳고 그른 사용에 대한 성서 말씀은 오직 세상의 차원을 암시하고 있을 뿐이다. 이것은 결국 돈을 올바르게 벌었느냐 불의하게 벌었느냐 하는 문제와 같은 차원의 문제다.

지금까지 살펴본 부의 윤리는 구원이나 영생과는 상관없이 전개되고 있다. 즉 부의 참 소유자를 인정하지 않으면 하나님께서 그 부를 거두신다거나호2:10, 11 하나님을 인정할 때는 곳간이 차고 넘친다거나 하는 식의 이야기였다. 물론 예언자들의 이 말이 하나님의 보상에 대한 물질적이고 유치한 해석이라는 말은 아니다. 우리는 이스라엘 종교를 영적인 종교로 만든 사람들이 바로 예언자들이라는 사실을 잊어서는 안 된다. 그럼에도 불구하고 그들은 부를 올바르게 사용했을 때 일어나는 일상적인 결과를 말하고 있다는 것을 명심해야 한다.

그러나 부의 올바른 사용에 대한 바른 관점을 가지려면, 부의 가치와 무가치의 관점에서 우리의 행위를 설정하는 노력을 게을리해서는 안 된다. 그런데 이 점에 대해서도 성서는 서로 모순되게 말하고 있다. 성서의 어떤 구절은 돈을 유용하고 불가피한 것이라고 말하고, 어떤 구절은 돈을 무익한 것이라고 말하고 있다. 우리는 언제나 서로 상반되는 이 두 말씀을 생각하면서, 돈의 취득과 그 사용에 대해 언급한 성서 본문들을 이해해야 한다. 돈에 대한 원칙적인 긍정을 천명하는 말이 잠언에 있음은 놀라운 일이 아니다. "부자의 재물은 그의 견고한 성이요"잠10:15 우리는 현실을 부인해서는 안 된다. 오늘의 현실을 직시할 때, 재산이 은신처가 되는 것은 확실하다. 그리고 돈은 모든 문제를 해결해주는 열쇠다. 여기에 무슨 악이 있단 말인가? 그러므로 돈을 거부할 이유가 없다고 보는 것이 일반적인 결론이다.

부는 많은 친구를 갖게 한다는 것 역시 사실이다. 친구와 은신처와 평안함을 갖는 것은 좋은 일이다. 그러나 여기에는 돈으로 얻는 그 모든 것은 쉽게 사라지고 만다는 경고, 즉 윤리적 판단이 아니라 경고가 뒤따른다. 잠언 10장에서 언급한 "부자의 재물은 그의 견고한 성이요"라는 말은 18장 11절에서 다시 나오는데, 거기서는 "그가 높은 성벽같이 여기느니라"라는 말이 뒤따른다. 그리고 얼마나 많은 잠언의 구절들이 부자의 친구는 그 부가 사라짐과 동시에 사라진다고 말하고 있는가? 경제적 파산에 대한 아픔보다 사람들의 배은망덕에 대해 가슴을 치지 않을 수 없다. 이것이 인간의 다반사다. 돈으로 안정과 행운을 사는 것이 이상한 일이 아니듯이, 돈이 없어졌을 때 돈으로 말미암아 생긴 안정과 행운도 함께 사라진다 해서 이상한 것은 아니지 않는가? 여기서 문제는 인간이 재물로 얻은 안정을 기대 이상으로 생각하고 있다는 것이다.

또한, 무익하다고 할 때 그 입장은 두 가지 관점으로 크게 나뉠 수 있다. 첫 번째 관점은 "은을 사랑하는 자는 은으로 만족함이 없고 풍부함을 사랑하는 자는 소득으로 만족함이 없다"는 전도서 5장 10절의 관점이다.

돈이라는 히브리어 낱말 כסף는 원래 무엇을 탐낸다는 뜻의 동사에서 유래한 말이다. 여기서 알 수 있는 첫 번째 사실은 돈의 영적인 위력이 경제와 신학이 발전한 후에 생겨난 것이 아니고 처음부터 돈의 본질을 그렇게 인식하고 있었다는 말이다. 만일 돈이라는 단어가 생길 당시 이스라엘 사람들에게 돈이 부수적인 도구이고 중요한 역할을 하지 않았다면 돈이라는 낱말이 그런 의미가 있지 않을 것이다. 물론 오늘날과 비교해볼 때 이스라엘 경제에서 돈은 부수적인 역할만 담당했을 것이라는 사실은 의심할 여지가 없다. 그럼에도 불구하고 이스라엘 사람들은 인간들 사이에서 갖는 돈의 위력과 그 영적인 힘을 간파했음이 틀림없다.

돈이라는 낱말의 히브리어 어원에서 알 수 있는 두 번째 사실은, 인간은 돈을 소유하고자 하는 열정에 사로잡혀 있으며 소유한 돈의 양이 얼마가 되던 인간은 결코 만족할 줄 모르며 더욱더 많이 갖기를 바란다는 것이다. 전도서 5장 9절은 바로 이와 같은 배경에서 생겨난 것이다. 이 본문을, 사람은 돈의 양에 만족할 줄 모르며 돈을 가진 자는 더욱더 많이 가지려고 한다는 뜻으로 해석하여 대수롭지 않게 생각해서는 안 된다. 전도서의 이 말씀은 그렇게 간단한 것이 아니라 매우 큰 의미가 있다. 돈에 대한 굶주림은 다른 것에 대한 굶주림의 한 징표요 상징이다. 돈에 대한 사랑은 내적 욕구의 한 징표에 지나지 않는다. 그것은 권력과 초월과 확신에 대한 굶주림으로서, 자아를 사랑하는 것이 초월적인 것과 영원한 것에 대한 갈망의 징표인 것과 같다. 영원한 것에 도달하는 수단으로 돈보다 더 좋은 것이 어디에 있단 말인가? 이와 같은 환상과 추구 속에서 인간이 진짜 찾는 것은 즐김이 아니라 영원에 도달하는 것이다. 그런데 인간의 그런 갈망과 사랑에 대해 돈은 어떠한 위안도 되지 못할 뿐만 아니라 어떠한 해답도 주지 못하고 있다. 인간은 잘못된 수단을 가졌기 때문에 길을 잃게 되었다.

이상이 재물을 무상하게 보는 첫 번째 관점이다. 재물이 무상한 두 번째 관점은 "재물은 진노하시는 날에 무익하나 공의는 죽음에서 건지느니라" 잠11:4는 관점이다. 또 시편 기자는 이렇게 말하고 있다. "자기의 재물을 의지하고 부유함을 자랑하는 자는 아무도 자기의 형제를 구원하지 못하며 그를 위한 속전을 하나님께 바치지도 못 한다." 시49:6, 7 사람이 돈으로도 살 수 없는 것이 딱 하나 있으니 그것은 바로 그 자신이다. 하나님의 분노는 돈을 주고도 가라앉힐 수 없다. 사탄의 횡포도 돈으로 해결할 수 없다. 따라서 재물은 인간이 정말 바라는 것 앞에서는 결정적으로 무기력할 뿐 아니라 무상한 존재가 아닌가! 이 시편 기자는 자신의 삶을 재물 위에 세운 부자는 "멸망하는 짐승같도다"라는 말로 결론을 짓고 있다. 이것은 부에 대한 추상적인 사변이 아니라 위압적인 현실에 대해 말하는 것이다. 인간은 누구나 죽음을 맞이하지 않을 수 없으며, 그때에는 자신의 생애에 대해 심판을 받지 않을 수 없다. 그래서 인간은 자신의 부를 저울질해 보고 그 자신의 가치를 생각하게 된다. 그러나 아무리 연극을 꾸며도 돈은 심판에 아무런 도움이 되지 못한다. 결국, 부는 무상한 것이다.

이 모든 말은 너무 단순하고 너무 상식적인 말이 아니냐고 생각할 수 있다. 성서에 분명히 명시된 도덕법칙을 그대로 지키고 살면 되지 그 밖에 다른 교훈은 필요가 없다고 생각할 수도 있다. 도덕 법칙대로 살기만 하면 좋은 결과가 온다는 생각이다. 부하게도 말고 가난하게도 말라는 기도는 옛 현인들이 세워놓은 덕의 기준 정도로 생각하기도 한다. 그러나 이와 같은 성서 본문들은 그 본문만 별도로 떼어서 생각할 수 없는 것들이다. 전혀 다른 관점의 본문들과 함께 생각해야 한다. 왜냐하면, 성서에 계시된 본문들은 하나의 통일된 생각으로 이루어져 있기 때문이다. 그리고 또 어떠한 성서 말씀도 하나님과 분리하여 생각할 수 없다. 따라서 성서 말씀은 인간 지혜의 표현이 아니고 하나님 행동의 표현이다. 다시 말하면 하나님의 뜻이 아닌 하나님 행동의 표현이다. 아무리 윤리적으로 보이는 말씀도 이와 같은 생각 안에서 조명되어야 한다. 하나님께서는 인간과 인간이 소유한 부를 혹심한 곤경에 처넣어 인간의 소유와 모든 공적을 장악하려 하신다. 그리고 인간은 부를 이용하여 그 곤경에서 벗어나려 하지만 자꾸만 절망에 빠지고 만다.

3. 보상과 축복으로서의 부

이제 우리는 문제의 핵심에 도달했다. 잘 아는 대로 종교개혁의 부작용 중 하나는 직업을 통해서 얻는 부를, 그 직업이 하나님의 소명임을 확신시켜주는 척도로 생각하였다는 점이다. 그리고 그 부는 우리의 삶 속에 계시된 하나님의 행위로서, 하나님의 동의와 축복의 표시로 보았다. 그러므로 하나님의 축복을 받은 자가 부자가 된다는 것이다. 이 논리대로라면 부자가 된 사람은 하나님의 은혜를 인정하는 사람이라고 생각할 수도 있지만, 현실은 그렇지 않다. 일단 부자가 되면 그 부에 대한 정당성을 공식화하는 것이 흔히 있는 현실이다. 그러나 부자가 하나님의 축복을 받은 사람이라는 논리는 성서를 과장한 논리라고만 생각할 수는 없다. 이 논리가 비록 깔뱅주의의 왜곡이기는 하지만, 그래도 성서 본문에 근거하고 있다는 사실은 부인할 수 없다. 그리고 이 논리는 구약성서에 매우 충실한 논리라는 점을 염두에 두어야 한다.

이 논리는, 또 어느 정도는 이스라엘 사람들의 생각이기도 하다. 이스라엘 사람들은 사회적으로 성공한다든지 이교도의 부가 그들의 수중으로 들어오는 것을 우연이나 오만함으로 받아들이지 않고 구약성서에 계시된 하나님 약속의 실현으로 보았다. 이러한 현상을 그 당시의 사회적 상황으로 설명하는 것은 무익하다. 이 현상은 하나님의 약속을 실현하려는 의지로 설명하는 것이 낫다. 오늘날에는 이 의지가 거의 잊히고 있다. 왜냐하면, 구약성서에 의하면 하나님이 허락하시는 부는 하나님과 보상과 축복으로 묘사되어 있기 때문이다.

먼저 보상에 대한 묘사는 이 땅에서 실현되는 하나님의 의를 보여주는 역대기에 잘 나타나 있다. 여호사밧은 조상 다윗의 처음 길을 행하였고 경건하고 의로웠으며 바알들에게 구하지 아니하고 오직 하나님께 구하고 그 계명을 행하였다. 그리하여 하나님께서는 재물을 통해 그의 믿음을 인정하셨다. 여호와께서 나라를 그 손에서 견고하게 하시고 그에게 부귀와 영광을 더하여 주셨다. 이러한 보상의 결과로 여호사밧은 신심이 두터워지고 재물을 의롭게 사용하였다. 대하17장

유다왕 히스기야의 경우도 마찬가지다. 그도 여호사밧처럼 경건한 왕이었으며 유월절 예배를 부활시켰다. 그러므로 그가 국가적인 위기를 극복하고 많은 부와 영광을 누릴 수 있었다는 이야기도 공연한 말이 아니다. 기적적으로 왕국의 위기를 극복하고 나서 히스기야는 병이 들었다. 이때 하나님께서는 기적적인 방법으로 그의 병을 고쳐주셨다. 그러나 그는 이 사실을 알지 못하고 마음이 교만하여져서 그 받은 은혜를 보답하지 않았다. 대하32:25 그러므로 하나님께서 분노하셨다. "진노가 그와 유다와 예루살렘에 내리게 되었더니" 대하32:25 그러나 히스기야는 곧 마음으로 뉘우쳤다. 그래서 그는 하나님으로부터 보상의 문제를 강조하였다.

앞에서 우리는 순전히 세상의 보상 문제를 강조하였다. 그러나 여기서는 조금 다른 문제를 생각해보자. 사실 잠언은 부를 잘 사용하면 부가 점점 늘어난진다는 것을 이야기하고 있다. 즉 부를 의롭게 사용하면 부가 늘어난다는 것이다. 부는 경건한 믿음과 하나님을 따름에 대한 보상, 즉 영적인 태도에 대한 보상이라는 것이다. 그러므로 부는 단지 물질적인 차원에만 머물지 않고 영적인 의로움을 드러내는 역할을 하는 것이다.

이러한 현상은 이스라엘에 재물을 주겠다는 약속, 또는 종종 문제가 되긴 하지만 열방의 부를 이스라엘에 돌리겠다는 하나님의 언약에서도 분명히 볼 수 있다. 우리는 잠언에서 아주 일반화된 공식을 볼 수 있다. "선인은 그 산업을 자자손손子子孫孫에게 끼쳐도 죄인의 재물은 의를 위하여 쌓이

느니라" 잠13:22 이것은 되어야 할 바대로 돌이키시는 하나님의 의의 발현이다. 그렇지만, 잊지 말아야 할 것은 구약에서 신약에서도 마찬가지지만 의로운 자는 하나님께로부터 의롭다는 인정을 받은 자들이라는 사실이다.

이스라엘에 재물을 주겠다는 약속은 출애굽 당시에도 실현되었다. 이스라엘 백성은 출애굽 당시 많은 재물을 약탈했으며 공포에 질린 애굽인들은 그들이 가진 물건을 내주었다. 이스라엘 백성이 가나안 땅에 들어가고 나서도, 가나안의 부가 이스라엘인들에게 이전될 것이라는 약속이 주어졌다. 즉 이스라엘인들은 그들이 세우지 않은 도시에 들어갈 것이며 그들이 짓지 않은 집에 살 것이며 그들이 일구지 않은 밭에서 열매를 얻을 것이라는 약속을 받는다. 이것은 의로운 자에게 거저 주시는 하나님의 은혜다. 하나님께서 불의한 자가 일한 노동의 대가를 의로운 자에게 돌린다는 것은 매우 엄청난 사실이다. 세상이 쌓아둔 부도 결국은 하나님이 지적하는 자의 것이 된다는 뜻이 아닌가! 이것은 평등과 분배의 정의를 깨닫게 하는 말이다.

이러한 사고방식은 어느 형태의 계시에나 다 들어 있다. 율법서(신명기)나 예언서, 아모스, 미가 그리고 시가서 잠언, 욥기 등에 모두 들어 있다. 그러므로 이와 같은 사고방식은 우연한 산물이 아니고 모든 시대의 이스라엘인들이 가지고 있었던 사고방식이다. 욥기에 보면 이스라엘의 영원한 진리가 드러나 있다. "돈을 셀 수도 없이 긁어 모으고, 옷을 산더미처럼 쌓아 놓아도, 엉뚱하게도 의로운 사람이 그 옷을 입으며, 정직한 사람이 그 돈더미를 차지할 것이다." 욥27:16, 17 새번역 우리는 하나님의 이러한 행위를 의에 대한 보상으로서가 아니라 하나님의 축복으로, 다시 말하면 하나님의 은혜의 강림으로 생각하게 된다. 이때 우리는 하나님의 그런 행위가 오직 사랑에서 비롯된 것임을 알게 될 것이며 더 나아가 그러한 행위를 어떻게 이해해야 할 것인가를 알게 된다.

부가 축복이라는 것은 성서 전체에서 말하는 것이다. 아브라함에게 계시된 이스라엘 자손들의 축복도 부였다. 가나안 계약은 아브람이 멜기세덱을 만난 후에 이루어졌다. 아브람은 먼저 환상을 보고 그다음 재물을 준비하고 그 후에 꿈을 꾸었다. 하나님께서 그에게 선택된 백성의 장래를 계시한 것은 바로 그 꿈속에서였다. 그때 다음과 같은 언약이 주어진다. "네 자손이 이방에서 객이 되어 그들을 섬기겠고 … 그 후에 네 자손이 큰 재물을 이끌고 나오리라" 창15:13, 14 그러므로 부는 이스라엘에 주어진 기본적인 축복 중의 하나다. 이 언약의 말씀은 우연한 말이 아니다. 이스라엘 역사 전체를 통해서 볼 때 이러한 언약이 여러 번 나오는 것으로 보아 이 언약은 결코 우연한 요행이 아님이 분명하다. 하나님께서 아브람에게 약속한 이 말씀은 부의 축복에 대한 언급이요 선택의 부름이며 하나님의 약속이 이 세상에서 실제로 실현되는 모습의 표징이다.

그런데 여기서 언급되고 있는 이 부는 모호한 성격을 띠고 있다는 것을 잊지 말아야 한다. 왜냐하면, 여기서 언급되고 있는 부라는 낱말은 흔히 사용하는 일상적인 용어지만 이 낱말이 물질적인 부나 돈을 의미한다는 말은 어디에서도 찾을 수 없다. 부에 대한 놀라운 이 약속은 시내산의 계시일 수도 있다. 어쨌든 그 부가 언급한 방식으로 미루어보아 우리는 그것의 모호한 성격을 인정하지 않을 수 없다. 잘 아는 대로 그 언약은 애굽을 나올 때에는 물질적인 것으로 취급되지 않았다. 그런데 광야의 긴 여행이 끝나고 약속의 땅으로 들어갈 때, 이스라엘이 언약의 첫 번째 열매를 얻을 수 있게 될 즈음에 물질적 축복에 대한 약속이 주어진다. "네가 네 하나님 여호와의 말씀을 청종하여 이 율법 책에 기록된 그의 명령과 규례를 지키고 네 마음을 다하며 뜻을 다하여 여호와 네 하나님께 돌아오면 네 하나님 여호와께서 네 손으로 하는 모든 일과 네 몸의 소생과 네 가축의 새끼와 네 토지 소산을 많게 하시고"신30:9 여기서는 모호한 것이 전혀 없다. 여기서 언급된 언약의 약속은 의심할 여지가 없이 물질적 축복이다. 하나님이 자기 백성에게 내리신 이 특별한 언약에는 물질적인 축복이 그 일부를 차지하고 있다. 모세도 그의 노래에서, 그리고 열두 지파에 대한 예언, 특히 요셉과 납달리에 대한 예언적 축복에서 이 점을 언급하고 있다. 그러나 이 예언에서도 아브람에게 내린 계시에서와 똑같은 모호성을 볼 수 있다. 이런 점으로 미루어볼 때, 부가 하나님의 축복이라 해서 위에서 하나님이 하신 언약들을 부자가 되라는 뜻이라고 볼 수는 없다. 언약과 축복의 배후에는 영적인 질서가 자리를 잡고 있으며, 물질적인 내용을 담은 언약이라 할지라도 물질 이상의 그 무엇이 그 속에 내포되어 있다.

이스라엘에만 주어졌던 물질적 축복이 나중에는 모든 사람에게 타당한 일반규범으로 변모된다. 후기 문서 특히 예언서와 잠언에서 그렇게 나타난다. 그러나 이곳에서도 앞에서 말한 모호한 성격이 여전히 드러난다. 이 점은 잠언에서 더욱 두드러진다. "여호와께서 복을 주시므로 사람으로 부하게 하시고"잠10:22 이 본문만 가지고는 여호와의 복을 물질적인 부로 해석할 수 있는 것인지 즉 재물이 여호와의 복을 대변할 수 있는 것인지, 또는 여호와의 복이 물질적인 축복인지 알 수 없다. 그러므로 다음과 같은 해석도 가능하다. 즉 물질적인 재화는 거짓 부로서 경멸의 대상이며, 축복은 축복 그 자체로서 의미가 있기 때문에 재물 이상의 의미를 내포하고 있다. 두 해석 모두가 가능한 해석이며 어느 하나도 무시할 수 없다. 이 두 해석은 서로 상반되는 해석이라기보다는 서로 보완하고 일치되는 것으로 보아야 한다고 생각한다.

그러나 부가 지혜롭고 의로운 자에게 주시는 하나님의 영원한 보상이며 총체적 축복이라고 언급한 구절로는 다음의 두 본문을 인용할 수 있다. "지혜로운 자의 재물은 그의 면류관이요," 잠14:24 (여기서 면류관은 영적인 의미를 갖는 것으로서 하나님의 영광에 참여하는 것이며 한 개인의 삶에 드러나는 하나님의 임재다) "겸손과 여호와를 경외함의 보응은 재물과 영광과 생명이니라" 잠22:4 이 두 구절은 매우 비슷한 구절이다. 하나님을 경외하는 것이 지혜의 시작이다. 하나님을 경외하는 자는 이미 지혜의 문턱에 들어선 것이다. 이 경외와 지혜에 대한 하나님의 응답이 부영광에의 참여 또는 부와 영광이다. 그런데 잠언 22장 4절에서는 놀랍게도 세속적인 것과 성스러운 것, 물질적인 선물과 영적인 선물 즉 재물과 영광과 생명이 함께 열거되어 있음을 발견하게 된다. 여기서 열거된 재물과 영광과 생명이란 단어는 이중적인 의미로 해석되어야 한다고 생각한다. 즉 물질적으로 해석할 때는 돈의 부, 솔로몬의 경우처럼 정치적인 영광 그리고 육체적인 생명을 뜻하는 것으로 볼 수 있다. 그러나 영적으로 해석할 때는 은혜의 풍요로움, 하나님의 영광에의 참여, 영생을 뜻하는 것으로 해석할 수도 있다. 우리는 일방적으로 계시를 영적인 것으로 환원할 수 없지만 그렇다고 영적인 의미를 간과해서도 안 된다. 더 정확하게 말하자면 재물 그 자체를 축복으로 보아서는 안 된다. 재물이 하나님의 축복과 매우 밀접하게 연관된 것은 사실이지만 재물 그 자체만으로 볼 때는 별로 의미가 없다.

재물의 많고 적음을 하나님의 축복과 비례한다고 생각해서는 안 된다. 우리는 욥의 투쟁을 잊지 않고 있다. 욥은 그 많은 재앙에도 불구하고 하나님의 축복이 여전히 자기에게 임하고 있다고 생각하였다. 재물과 하나님의 축복 사이에는 정확한 등식이 성립되지 않는다. 그러나 여기서 명심할 것은 욥이 이 사실을 깨달았을 때 하나님은 그에게 더 큰 재물을 주셨다는 사실이다.

실제로 하나님은 외적 징표로서 자신이 하늘과 땅의 참된 주인이심을 깨닫게 하신다. 하나님은 그 자신이 풍성히 주시는 하나님이라는 사실을 알 수 있도록 인간을 부르신다.

바로 이 점에서 부와 축복의 관계가 성립된다. 부는 부 그 자체로 고려의 대상이 되지 않는다. 부 그 자체는 아무 가치가 없다. 왜냐하면, 부는 하나님의 축복과 별도로 생각할 수 없으며, 단지 축복의 징표이기 때문이다. 그러므로 부가 악하고 불의한 사람에게 돌아갈 때에는 항상 추문과 저항이 있었음을 구약성서가 잘 보여주고 있다.

물론 부 그 자체도 가치가 있다. 구약성서는 이러한 가능성을 전혀 배제하지 않는다. 그러나 하나님의 계시와 음성을 듣는 사람이라면 부 자체에 가치를 부여하는 것은 문제가 있다고 생각하게 된다.

시편 기자와 욥이 바로 이 점을 분명히 밝혀주고 있다. 부가 그 자체로도 가치가 있다고 생각하는 것은 징표와 그 징표의 본질이 뒤바뀐 것으로서, 이것은 일종의 신성모독이라고 볼 수 있다. "볼지어다 이들은 악인들이라도 항상 평안하고 재물은 더욱 불어나도다 내가 내 마음을 깨끗하게 하며 내 손을 씻어 무죄하다 한 것이 실로 헛되도다" 시73:12, 13 "포악을 의지하지 말며 탈취한 것으로 허망하여지지 말며 재물이 늘어도 거기에 마음을 두지 말지어다." 시62:10 "어찌하여 악인이 살고 수를 누리고 세력이 강하냐. 그 집이 평안하여 두려움이 없고 하나님의 매가 그 위에 임하지 아니하며, 그 날을 형통하게 지내다가 경각간에 음부에 내려 가느니라. 그러할지라도 그들은 하나님께 말하기를 우리를 떠나소서. 우리가 주의 도리 알기를 즐겨하지 아니하나이다. 전능자가 누구기에 우리가 섬기며 우리가 그에게 기도한들 무슨 이익을 얻으랴 하는구나" 욥21:7, 9, 13~15

하나님께 맞서면서도 축복의 겉모양을 지닌 채 부유하게 사는 부자를 문제 삼고 있다. 이것은 경제 질서의 문제가 아니며 종교적 유물론은 더욱 아니다. 이것은 사탄이 사람을 유혹하려는 함정의 문제다. 이것은 완전한 하나님의 축복이 어디에 있는지 사람으로 하여금 알게 하는 하나님의 수단이다. 이때 부는 다른 운명, 다른 성질을 갖는다.

예언서에 보면 같은 이야기가 조금 진전된 것을 알 수 있다. 이사야의 종말론적 대환상사60장, 61장을 보자. 그곳에서 그는 예루살렘을 향하여 외친다. 하나님과의 완전한 교통과 함께 예루살렘의 복원을 선포한다. "여호와의 영광이 네 위에 임하였음이니라"사60:2 그런데 이 말 중에 부의 운명이 드러나 있다. "그 때에 네가 보고 희색을 발하며 네 마음이 놀라고 또 화창하리니 이는 바다의 풍부가 네게로 돌아오며 열방의 재물이 네게로 옴이라. 스바의 사람들은 다 금과 유향을 가지고 와서 여호와의 찬송을 전파할 것이며, 다시스의 배들이 먼저 이르되 원방에서 네 자손과 그 은금을 아울러 싣고 와서 네 하나님 여호와의 이름에 드리려 하며 이스라엘의 거룩한 자에게 드리려 하는 자들이라"사60:5, 6, 9 또한 이 예언은 다른 민족의 재물을 이스라엘로 돌릴 것이라는 놀라운 약속도 겸하고 있다.

매우 영적인 특성이 있는 이사야의 이 본문은 유대인의 태도가 영적으로 바뀐 것인가, 아니면 유대인의 옛 태도를 그대로 표현할 것인가? 다시 말하면 유대인들은 재물 그 자체를 축복으로 보았는가? 아니다. 이사야는 그런 논리를 취하지 않았다. 그래서 그는 유대의 사상을 징표의 의미 속에서 발전시켰다. 부는 더 고귀한 미래의 영적 선물을 대변하기 위한 현재의 선물 이상이 아니다. 그렇다면, 이 본문은 후대에 발전한 사상인가? 대부분 역사가들은 이렇게 보고 있다. 그러나 앞에서 말한 재물의 모호성을 생각할 때 초기의 유대사상까지 그런 식으로 해석할 이유는 없다. 이사야는 원래의 계시를 조금도 바꾸지 않았다. 이사야의 본문에는 초기부터의 계시가 발전한 곳이라고 볼만한 근거가 없다. 그는 원래의 계시를 조금 더 명확하게 말했을 뿐이며 거기서 더 많은 결론을 끌어냈을 뿐이다.

이 점을 명확하게 하려면 다시 한번 역사를 생각해보자. 즉 야곱의 소유의 역사를 살펴보자. 꾀가 많은 야곱은 이상한 방식으로 큰 재산을 손에 넣을 수 있었다. 그러나 그가 그 재산을 무사히 보존할 수 있었던 것은 그가 하나님의 은혜 가운데 있었기 때문이다. 창31장 야곱이 재물을 취한 방법은 옳지 않았으나 그 재물이 그에게 속해 있는 것은 은혜의 징표였다. 그는 은혜와 언약의 담지자였던 것이다. 부 그 자체로는 가치가 없다. 야곱은 윤리의 차원을 벗어나 있다.

야곱의 삶은 윤리와는 아무 상관이 없다. 야곱이 도적질했다고 생각한 라반의 아들들의 생각은 매우 윤리적인 생각이다. 그러나 그들이 야곱에게 벌을 가했다면 그것은 하나님의 뜻에 어긋나는 행위가 되었을 것이다. 야곱은 언약의 징표를 꼭 붙들고 그렇게 행동했으며 언약의 증거물이 되는 것들을 손에 넣었던 것이다. 야곱이 재물을 취한 수단은 정당하지 않지만 (그는 죄인이며 그의 부는 하나님의 채찍을 맞는다)그가 재물을 성취하는 데 부여한 의미는 하나님의 뜻과 일치한다.

4. 성례로서의 부

구약성서에 의하면, 부 그 자체를 위대한 것으로 생각하는 유물론적 관점은 취하기 어렵다. 이 점은 약속의 땅과 관련된 본문들에서 확인할 수 있다. 이 본문들은 가나안 땅의 약속을 정치적 물질적 사건으로 해석하는 근거가 되지 못한다. 이 본문들을 왜곡하거나 자의적으로 해석하지만 않다면 그 속에 내포된 양면성을 포착하게 될 것이다. 최소한 이 본문들을 신화나 시, 혹은 동양적인 과장으로 생각해서는 안 된다. 유대인들은 계시에 관한 한 정확한 어휘를 사용하며 정확한 표현형식을 사용한다. 그러므로 그들은 말하고자 하는 바를 정확하게 표현한다. 언약의 땅을 약속하시는 하나님의 계시를 살펴보자. 거기에는 처음부터 두 사상이 내재해 있다. 처음에 유대인들은 이 사실을 잘 알지 못한다. 먼저는 자기 백성에게 땅을 준다는 물질의 축복이 내포되어 있다. 그러나 하나님의 계획과 그의 자비는 거기서 멈추지 않는다. 하나님의 물질 축복과 마찬가지로 그의 백성에게 하나님나라를 주겠다고 약속하신다. 가나안 언약은 이스라엘 백성이 가나안에 들어가는 약속일 뿐 아니라 하나님나라에 들어가는 약속이기도 하다. 그러므로 약속의 땅에 들어간다는 사실은 하나님의 권세로 하나님나라에 들어간다는 징표다. 하나님께서 새 땅을 주신 것은 새 창조를 이룰 것이라는 표시요, 하나님께서 끊임없이 일하고 계시다는 증거다. 그러나 징표에 사로잡혀서는 안 된다. 그 징표가 나타내고자 하는 바를 따라가야 한다. 하나님나라를 향해 힘차게 전진하려면 하나님께서 약속의 땅을 주시게 된 과정을 끊임없이 기억해야 한다. 약속의 땅의 이모저모는 하나님나라의 이모저모와 같다.

부와 관련된 본문들은 많이 연구되었기 때문에 여기서는 길게 논할 필요가 없다. 부를 영적인 삶과 연관시키는 것이나 약속의 땅을 하나님나라와 연관시키는 것도 마찬가지다. 부는 축복의 징표에 불과하다. 더 정확하게 말하면 부가 축복인 것은 그것이 은혜의 징표이기 때문이다. 재물을 하나님의 행위의 징표로 생각하지 않는다면 재물을 얻는 것은 아무런 의미가 없다. 재물 자체를 하나님의 축복으로 생각하고, 돈을 벌었다는 이유 때문에 하나님께 감사드리는 사람이나, 재물을 순전히 물질적인 것으로만 생각하고 돈을 경제적 사실로만 처리해버리는 사람 모두가 잘못을 범하고 있다. 구약성서에서 부는 하나의 징표요 증거다. 재물은 하나님이 은혜를 베푸신다는 증거물이다. 하나님께서는 "네 죄가 사하여졌다고 말하는 것이 더 쉬우냐, 아니면 일어나 걸어가라는 말이 더 쉬우냐?"고 물으신다. 옛 계약에 의하면 하나님에 의해 주어진 부는 하나님의 영적인 활동을 드러내는 일종의 증거였다.

재물을 얻는 사람은 그 재물을 통해 증거도 받는다. 하나님께서 그렇게 행동하실 수 있다는 증거, 하나님께서는 세상 것을 거둘 수도 있고 베풀 수도 있으며 마찬가지로 영적인 것, 나아가서는 용서와 사랑까지도 베풀 수 있다는 증거를 받게 된다. 그러므로 재물은 하나님의 말씀이 사실임을 입증하는 증거이기도 하다. 하나님께서 선포하신 말씀의 내용이 진실하다는 사실은 이미 부를 주셨다는 사실에서 입증된다. 그러므로 재물은 하나님의 보증이 약속하셨고 그 약속은 물질을 수단으로 하여 실현되기 시작한다. 돈을 징표로 보는 사람은 돈을 통해 하나님께서 자기를 위해 시작하신 일을 본다. 그러므로 인간은 하나님께서는 그 자신이 선포한 모든 것을 이루실 수 있으며, 하나님은 하늘과 땅에 존재하는 모든 것의 주인이시며, 또 그렇게 하기를 원하시고 이미 그 일을 시작하셨다고 생각한다.

그러므로 부를 받는 사람들은 하나님의 말씀은 자기를 위한 것으로 생각한다. 사실 아브라함과 솔로몬도 그렇게 생각했다. 흔히 이런 생각은 세속적이며 유물론적이라고 생각하거나, 하나님의 택함을 받은 사람은 그런 증거나 보증물保證物은 필요가 없다고 생각한다. 그러나 우리는 언제나 인간과 인간에 대한 하나님의 행위를 영적인 것으로만 취급하지 않도록 조심해야 한다. 인간에게는 물질이 대단히 중요하다는 것을 인정하여야 한다. 아무리 하나님의 택함을 받았다 할지라도 인간은 어디까지나 물질적인 존재임은 틀림없다. 인간은 연약하고 한계가 있는 육체를 가지고 태어났다. 그래서 하나님은 인간 육신의 욕구에 가장 걸맞은 것을 골라 자신의 심오한 활동의 징표로 삼으신다. 그러므로 인간은 하나님의 활동의 의미를 비유적으로 파악할 수밖에 없다.

그렇지만, 우리는 하나님께서 왜 부를 인간에게 주시는 징표인 성례로 택하셨는지를 질문할 수 있다. 부를 성례로 보는 관점에서 앞에 인용한 본문들을 이해하게 되면 이 물음에 대한 정확한 답을 얻을 수 있다. 부는 옛 계약의 성례 가운데 하나다. 하나님은 아무 의미도 없이 징표를 택하지는 않으신다. 징표와 그 징표가 가리키는 것 사이에는 항상 밀접한 연관성이 있다.

부는 하나님의 값없이 주시는 징표를 의미한다. 사람이 아무리 자기의 돈과 재물이 하나님에게서 온 것이라고 믿는다 할지라도, 하나님의 입장과 인간의 확신은 항상 대조되기 마련이다. 사람은 돈은 자기가 번 것이며 자기 노동해서 얻는 것으로 생각한다. 그러나 그것은 하나님께서 인간에게 거저 준 것이며 하나님께서 허락하지 않으시면 인간은 아무리 노력해도 얻을 수 없다. 하나님의 택하심에 대해서도 마찬가지다. 인간은 언제나 자기의 덕과 공적 때문에 택함을 받게 되었다고 생각한다. 그러나 하나님의 선택에는 이유나 조건이 없으며, 그것은 사랑에 근거한 하나님의 자유로운 결정일 뿐이다. 그러므로 사람은 자기의 재물이 거저 받은 선물임을 알 때, 영원히 택함을 받는 것 역시 하나님께서 거저 주신 선물임을 알 수 있게 된다.

이 사실은 유대 백성에게는 특별히 중요하다. 그들은 선택된 백성으로서 끊임없이 이 택함 받음을 새롭게 자기 것으로 하려고 했다. 그들은 마치 돈을 자기 것으로 하려고 하듯이 하나님의 택함을 자기들의 것으로 하려고 했다. 그러므로 이스라엘에 있어서 부는 하나님의 은혜를 상기시키는 징표였다. 부가 사라지는 것은 곧 하나님의 은혜가 사라지는 징표였으며 부가 계속 유지된다는 것은 하나님의 은혜가 계속된다는 징표였다. 이 은혜는 인간에 의해 좌우되는 것이 아니라 오직 하나님에 의해 좌우된다.

부가 징표의 역할을 한다는 사실은 은혜의 풍성함을 암시한다. 하나님께서는 자신의 은혜를 간단히 측정하고 처리하는 분이 아니시다. 하나님께서는 은혜를 베푸실 때 조각으로 나누어주시지 않고 풍요롭게 주신다. 이 풍요로움이야말로 우리들의 온갖 죄를 가리며 하나님의 풍성한 사랑을 드러내고 우리로 하여금 영원한 세계로 들어갔을 때 한다. 이스라엘 백성이 언약의 땅에 들어갔을 때, 풍요로운 그 땅은 바로 하나님의 풍성한 은혜였다. 하나님의 은혜는 지금 당장 필요하고 시급한 것만을 충족시키고 끝나는 것이 아니다. 하나님은 우리에게 일용할 양식을 주는 데 만족하지 않고 평안과 가능성을 수반하는 부를 주신다. 하나님께서는 우리가 하나님께서 베푸시는 은혜를 깨닫게 하려고 그 은혜의 징표가 되는 재물을 우리에게 주신다.

부의 성례도 다른 성례들처럼 예언자적 의미와 종말론적 의미가 있다. 우리는 이사야서에서 이미 이 사실을 보았다. 부를 받은 사람은 장차 모든 부가 모여들 하나님나라에 이미 참여하는 것이나 다름없다. 또한, 우리는 인간의 모든 것이 무無로 돌아가지 않고 하늘에 있는 새 예루살렘에서 완성된다는 놀라운 약속을 발견하게 된다. 이 세상에서 인간이 만든 모든 것은 새 예루살렘의 일부분을 이룬다. 그것들은 거기서 승화될 뿐 아니라 하나님의 뜻에 따라 제 위치를 차지하게 된다. 그러므로 인간의 부는 하나님나라를 꾸미고 그 속에서 자기의 위치와 의미를 찾게 된다.

계시록이나 구약성서에 의하면 사람의 부는 하나님나라로 옮겨질 것이라고 되어 있다. 그리고 부가 없으면 하늘에 있는 새 예루살렘은 완전한 모습을 갖추지 못한다고 되어 있다. 이것은 인간이 수고한 많은 노력이 하나님이 이루실 새 창조를 위해 꼭 필요하다는 것을 암시한다. 이것은 물론 하나님께서 그렇게 되도록 하셨기 때문에 그렇게 된다. 이것은 꼭 그렇게 되어야 하는 당위성 때문에 그런 것은 아니다. 하나님의 권세가 제한되고 불완전하기 때문에 인간의 노력이 필요한 것은 아니다. 이것은 인간이 하나님의 새 창조에 참여할 수 있도록, 인간의 노력과 부가 새 창조에서 무슨 역할을 할 수 있도록 하나님께서 특별히 배려하셨기 때문이다. 어떤 필연성에도 예속되지 않는 하나님의 자유롭고도 독립된 결정, 바로 이 결정에 따라 인간의 부는 하나님의 역사에 참여하게 된다.

결국, 인간은 하나님을 위하여 일한다. 열국의 부가 이스라엘로 모여드는 의미는 바로 여기에 있다. 이스라엘은 예루살렘을 중심으로 하고 있으며 예루살렘은 하늘의 새 예루살렘을 상징한다고 볼 때, 열국의 부가 이스라엘로 모여든다는 본문이 제대로 이해될 것이며, 이때 비로소 이 본문은 정복과 독점의 야욕을 나타내는 말이 아님을 알게 될 것이다. 하나님의 이 약속은 이스라엘이 정말 하나님께 속한 이스라엘이 될 때에만 실현 가능하다. "오직 너희는 여호와의 제사장이라 일컬음을 받을 것이라 사람들이 너희를 우리 하나님의 봉사자라 할 것이며 너희가 이방 나라들의 재물을 먹으며 그들의 영광을 얻어 자랑할 것이니라"사61:6 하나님의 백성이 실제로, 그리고 완전히 사제와 종이 되는 것이 중요하다. 그런데 새 창조가 있기 전에 과연 그런 일이 있을 수 있을까? 이사야는 이러한 변화를 새 예루살렘이 이 땅에 임할 징표로 보고 있다.

이처럼 부가 총체적으로 하나님의 새 창조에 귀속되는 것이 성례의 또 다른 특성이다. 부는 하늘에 있는 새 예루살렘의 영광이 우리 가운데 존재하는 상징물이다. 이것은 이 세상과 이 세상의 모든 업적과 인간의 모든 힘이 하나님께 속한 것이라는 사실을 역설하는 말이다. 그러므로 이제부터는 앞에서 설명한 것과는 다른 방향으로 생각을 전개해 나가야 한다. 우리는 부가 장차 새 예루살렘에서 차지할 위치를 고려하면서 부를 고찰하였다.

그러므로 사람은 의식하든 그렇지 못하든 상관없이 부를 축적함으로써 하나님의 일을 위한 물질을 준비하는 셈이다. 이제 우리는 하늘에 있는 새 예루살렘의 처지에서 부를 살펴보아야 한다. 새 예루살렘의 처지에서 볼 때 부는 무엇을 의미할까? 더 정확하게 말한다면, 부가 이 세상에 사는 우리 가운데서 이미 하나님 사업의 구성요소가 된다는 사실은 무엇을 의미하는 것인가? 이 말은 하나님께서 이 세상에 있는 재물과 돈과 보석을 사용한다는 말은 아니다. 이것들은 하나님께서 택하여 쓰실 징표일 뿐이다. 하나님께서 새 창조를 알려주는 이 징표는 결코 무시할 수 없다.

솔로몬의 부가 우리에게 주는 교훈이 바로 이것이다. 솔로몬의 재물은 의로운 것으로 알려졌지만 그것은 어디까지나 그가 예수 그리스도의 영광을 예언하는 예언자의 생활을 할 때에 그러하다는 말이다. 인간이 누리는 모든 형태의 영광은 결국 예수 그리스도의 영광에 귀속된다. 그러므로 부도 결국은 그리스도에게 귀속된다고 보는 것이 예언자의 생각이다. 솔로몬의 부는 예언의 성격을 지니고 있기 때문에 의로운 것이다.

구약성서의 부가 앞에서 살펴본 대로 성례의 성격을 띤 것을 인정한다면 그다음에는 부의 윤리적 문제가 제기된다. 성서에는 이 문제가 분명히 드러나지 않고 암시적으로 제기될 뿐이다. 아브라함이나 솔로몬처럼 부의 의미를 아는 사람, 즉 부가 하나님의 은혜의 선물임을 아는 사람에게는, 부의 문제는 하나님에 대한 일종의 의무의 문제가 되는 것이다.

만일 부가 영적 현실을 가리키는 성례라면 그 부를 그 의미에 귀속시켜야 한다. 그러므로 그 부를 사용할 때, 그 부가 은혜의 풍성함과 새 창조의 약속을 드러내는 방향으로, 모든 부가 하나님의 것이라는 사실을 나타내는 방향으로 사용해야 할 것이다. 여기서 중요한 사실은 재물 그 자체나 그 재물이 갖는 사회적인 힘이나 경제적 위력이 아니라 그것들이 가져오는 영적 현실이다. 부 그 자체에 가치를 부여하고 그 사용가치에만 집착하는 행위는 하나님에 대한 불복종이다.

징표의 위력이 클 때 인간은 더욱 그러하다. 여기서 우리는 히브리적 유물론에 도달하게 된다. 부나 땅은 그 자체만으로도 의미와 가치와 매력과 유용성을 갖는 것이 사실이다. 그러므로 사람들은 그것들이 의미하는 영적 의미를 잊어버리고 감미로운 물질적인 의미만 생각하기 쉽다. 육체와 마음의 욕망이 충족되면 인간은 스스로 만족하여 그 이상의 것을 추구하지 않게 된다. 부의 이러한 특성 때문에 인간은 그 부가 무엇을 의미하는지는 생각지 않게 된다.

하나님은 인간에게 긴장하며 살도록 상황을 부여하셨다. 타락 이후의 아담은 긴장된 생활을 하였다. 그러나 인간은 하나님께서 인간의 삶과 행위에 부여하신 가치를 배제함으로써 자기에게 유리한 방향으로 그 긴장을 깨뜨렸다. 또 하나님께서 부여하신 성례적 가치를 배제하고 부의 경제적인 가치만 고수함으로써 부가 가지는 양면성을 제거하였다. 그때부터 물질은 더는 정신의 징표가 아니라 하나님의 명령에 대한 인간의 불복종 징표가 되었다. 그것은 하나님께서 설정하신 부의 가치가 인간에게 요구되는 윤리 가운데 완전히 드러나는 종말론적 긴장에 대한 거부가 된다.

그러나 부 그 자체는 아무것도 아니며 진정한 부는 하나님 자신이라고 생각하게 되면 인간의 긴장은 그 반대방향으로 해결된다. 긴장이 해소된

점에서는 똑같지만, 이 방법은 하나님 쪽으로 해결하는 것이다. 그러나 이 긴장을 완전히 해결하는 것은 불가능하다. 왜냐하면, 인간은 본성적으로 끊임없이 부 그 자체에 집착하는 측면을 버릴 수 없기 때문이다. 어쨌든 하나님 쪽으로 긴장을 해결할 때 징표로서의 부 그 자체는 가치를 잃고 그 징표가 가리키는 것에 중요성을 두게 될 것이다. 이때 비로소 부 자체는 별것 아닌 것으로 생각할 수 있게 될 것이며 언제든지 그 부를 버릴 수도 있게 될 것이다.

왜냐하면, 하나님이 계신 곳에서는 금은보화도 별 의미를 갖지 못하게 되며 권세를 가져다주는 돈의 매력도 상실되기 때문이다. "네 보화를 티끌로 여기고 오빌의 금을 계곡의 돌로 여기라. 그리하면 전능자가 네 보배가 되시며 네게 귀한 은이 되시리니" 욥22:24, 25 여기에 부의 참다운 의미가 있다. 그러나 옛 계약의 사람들은(그리스도인도 사실은 마찬가지다) 이러한 결론을 수용한 것 같지 않다. 그들은 부의 근원이 되시는 하나님을 만족할 만한 보증으로 생각하지 않았다. 그리고 징표가 가리키는 것에는 관심을 두지 않고 징표 그 자체에만 관심을 뒀다. 예수 그리스도와 함께 새 시대가 시작되어야 할 이유는 바로 여기에 있다.

예수 그리스도는 우리가 구약성서에서 살펴본 바와 같은 부의 성례적 성격을 인정하지 않았다. 예수 그리스도가 현존하는 한 성례는 필요가 없다. 구약은 장차 올 것의 그림자라는 히브리서의 말씀이 다시 한 번 타당하게 느껴진다. 태양이 있는 곳에는 더는 그림자가 존재하지 않는다. 예수 그리스도 자신이 은혜의 풍요로움이시며 하나님나라의 현존이다. 그러나 이스라엘 사람들은 이 사실을 알지 못했다. 예수는 하나님의 모든 행위를 빈틈없이 종합하신다. 그러므로 하나님의 행위를 인간에게 선포하고 상기시키려고 했던 이전의 모든 것은 폐지되어 마땅하다. 이전의 모든 희생 제사가 예수 그리스도의 희생 앞에서 폐지되듯이, 이전의 모든 제사장직이 예수 그리스도의 제사장직에 의해 폐지되듯이, 이제 부도 더는 영적인 의미가 있을 수 없다. 왜냐하면, 모든 은혜의 풍요로움은 전부 예수 그리스도 안에 있기 때문이다. 하나님께서 자신의 아들을 주셨는데 부가 무슨 의미가 있겠는가?

예수 그리스도로 말미암아, 부를 한 개인에게 내린 개인적인 은혜요 축복으로 생각하는 사고방식에 변화가 생긴다. 이러한 하나님의 행위와 은혜의 연속선상에서 규합과 통합이 생긴다. 하나님의 모든 은혜의 행위는 아들을 선물로 주는 행위에서 절정에 달한다. 모든 은혜가 아들에게 규합된다. 그러므로 부의 은혜 역시 아들에게 규합된다. 집단적인 은혜와 개인적인 은혜 사이에 아무런 차이가 없어지게 된다. 돈은 이제 아무 의미가 없어지게 된다. 예수 그리스도 안에서 우리에게 주어진 것은 이제 돈과는 아무런 관계가 없다. 왜냐하면, 예수 그리스도가 오심으로 말미암아 이제 부는 은혜를 나타내는 징표의 역할을 상실하게 되었기 때문이다. 그러나 구약성서에서는 사실 부가 하나님의 축복을 의미하는 징표의 역할을 하였다. 구약성서에서는 자기 백성에 대한 하나님의 행위는 항상 물질적인 사건 속에서 계시되었기 때문에 부가 징표의 역할을 했던 것이다. 출애굽이든 가나안 정복이든 그것들은 언제나 인간적이고 물질적인 특성이 있는 사건이다. 그때부터 사람들은 인간적인 위력을 지닌 부는 하나님의 빛을 반사하는 거울의 역할을 담당한다고 생각하였다.

그러나 예수 그리스도 안에서 일어나는 하나님의 행위는 하나님이 어떠한 역사적 정황에 개입하시는 방식이 아니다. 이것은 정신주의를 말하는 것은 아니다. 하나님은 항상 역사에 개입하신다. 그렇지만, 그 개입은 경제적 정치적 사건을 수반하는 그런 행위가 아니다. 예수 그리스도가 오신 후로는 성례가 하나님의 현행위現行爲: cette action-là 로 대체된다. 이 하나님의 현행위는 이전보다 더욱 긴밀하고 더욱 개인적이며 우리들의 삶과 더욱 밀접한 관계를 갖게 되며 덜 물질적이며 눈에 보이는 유용성이 덜한 성례를 내포한다. 이제 부는 하나님의 은혜를 상기시키는 징표의 의미를 잃게 되었다.

이제 부는 다시는 성례가 되지 못한다. 왜냐하면, 하나님께서는 이제 세상의 약한 것들을 택하사 강한 것들을 부끄럽게 하시기 때문이다. 고전1:27 하나님께서는 자신의 사업을 위하여 그 자체로는 아무 가치도 없는 것들을 택하여 그리스도 안으로 부르신다. 이 사업은 어떤 수단이 동원될지라도, 이것은 오직 하나님의 은혜의 행위다. 부는 이제 하나님과 무관하게 스스로 경제적인 힘을 지니고 있다.

부는 하나님께서 그리스도 안에서 취하신 겸손을 나타내는 징표가 아니라 오히려 그 반대. 부가 징표이기를 그친 순간부터 모든 것이 바뀐다. 역사의 긴 여정 속에서 이제 부는 더는 하나님의 사업에 포함되지 않는다. 인간은 부에 가치를 부여한다. 그러나 그 부는 인간이 부여한 가치 이상은 아니다. 이제 부는 하나님과의 관계 속에서 가졌던 의미, 즉 하나님의 축복으로서의 의미를 완전히 상실하였다. 예수 그리스도가 우리의 현실이며 우리의 축복인 이상 이제 부는 더는 징표도 아니며 축복도 아니다. 이제 부는 그 본래의 자리로 되돌아가게 되었다. 그러므로 신약성서는 돈을 좋지 않게 평가하고 있다. 신약성서에서는 다른 성례가 옛 성례를 대신했고 다른 축복이 인간에게 기대 이상의 것을 가져다준다. 옛것은 새것에 의해 완성되었다.

그리하여 부는 돈으로 변모되었다. 그리고 돈은 하나님의 구속사업과는 아무 상관이 없게 되었다. 물론 돈도 제 역할이 있다. 그러나 이전에 부가 가졌던 역할과는 다른 역할을 한다. 돈은 부와 똑같지 않다. 돈은 교환의 의미가 있는 반면 부는 무엇보다도 먼저 풍성함을 대변하기 때문이다. 이들은 서로 의미하는 바가 다르다. 그런데 신약성서에서는 대부분은 부를 단지 돈의 축적으로 생각한다. 그리하여 부자들은 하나님의 거룩한 사업으로부터 제외된다. 예수를 따르던 사람 중에는 부자가 별로 없었다는 것을 기억해야 한다.

그리스도의 성육신은 돈에 대한 관점을 완전히 수정한다. 종말론적인 비약이 있기는 하지만 미래의 예루살렘에서 부가 차지할 위치는 그대로 유지되고 새롭게 발전하였다. 하나님께서 부를 더는 영적인 진리의 징표로 사용하지 않기로 하신 한, 돈의 역사적 운명과 돈에 대한 인간의 윤리적 태도는 바뀌어야 한다. 그러나 어떤 것도 폐지되지는 않는다. 모든 것이 바뀌어야 한다는 하나의 진리로 완성될 뿐이다. 그리고 이 진리는 밝은 빛을 받아 완성된 모습으로 진전될 것이다.

3장.
하나님이냐 돈이냐

돈의 권세로부터 해방되는 길은
사회생활로부터 도피하는 은신생활이 아니며,
부자가 되어 돈의 권세를
장악하는 길도 아니다.
돈의 권세로부터 해방되는 길은
매매법칙이 지배하는 사회에 살고 있으면서도
거저 주시는 하나님의 은혜를 의지하며
거저 주는 삶을 실천하는 길이다.

3장. 하나님이냐 돈이냐

1. 돈의 권세

우리는 돈 문제가 사회생활 속에서 거론될 때는 경제적인 측면을 생각하게 되고, 개인생활 속에서 거론될 때는 도덕적인 측면을 생각하게 된다. 우리가 이처럼 보편적인 태도로 돈을 대하는 이유는 돈을 객체로 보고 있기 때문이다. 우리는 돈과 화폐(동전이나 지폐와 같이 금전을 표시하는 것)를 너무 당연하게 동일시하고 있다. 돈을 소유한다는 것은 화폐를 소유한다는 것을 뜻하며, 나아가 금융행위나 은행계좌를 갖는 것을 뜻한다.

그러나 여기서는 이러한 관점에서 돈을 취급할 필요는 없다고 생각한다. 왜냐하면, 이러한 관점에서는 금융적 측면, 경제적 측면, 윤리적 측면에서 돈에 대한 연구가 많이 되어 있기 때문이다. 여기서 취급하고자 하는 관점은 이것과는 좀 다르다. 우리가 돈에 대해 말하게 되는 것은 그것이 세상에서 중요하기 때문만이 아니라 성서가 거기에 대해 자세히 말하고 있기 때문이다. 성서도 분명히 돈에 대해서 위와 같은 관점을 다루고 있다.

그러나 성서는 윤리문제를 체계적으로 다루는 책이 아니므로 돈에 대한 윤리규범도 부수적으로 말하고 있을 뿐이다. 성서는 현대인들이 보는 관점과는 다른 방법으로 그 문제를 다루고 있다. 성서는 돈에 대해 자주 언급하지는 않지만, 그래도 그것에 대해 말할 때는 자율과 자체 행위가 없는 중립적인 대상으로 다루고 있으므로 화폐의 관점에서 돈을 생각하는 경우는 거의 없다고 볼 수 있다.

물론 성서에는 돈의 소유문제가 언급되어 있다. 그러나 그것은 소유자가 인간이 아니라 하나님임을 나타내려 할 때뿐이다. 이 사실을 그대로 표현한 곳은 학개서학2:8뿐이지만 그 본문을 내세우면 안 된다. 왜냐하면, 우선 "은도 나의 것이요, 금도 나의 것이다"라는 공식은 값진 금속을 말하는 것이지 교환과 자본축적의 수단인 돈을 가리키는 것은 아니기 때문이다. 돈과 귀금속을 너무 쉽게 일치시켜서는 안 된다. 금속이 꼭 돈을 나타내지는 않았으며 돈을 좀 더 발전된 방식으로 사용한 다른 문명권에서는 금을 통해 돈을 인식하지는 않았다. 그러므로 '금과 돈'에 대해 말하는 성서본문은 우리가 제기하는 문제와 큰 연관성이 없다. 그 밖에도 학개서를 모두 읽어보면 종말론적인 예언이 핵심임을 알 수 있다. 그 본문은 하늘과 땅이 무너지고 세상의 보화가 성전에 모이며 평화가 지배하는 때에 대해 언급하고 있다. 결국, 그 구절이 의미하는 바는 일반적으로 우리가 생각하는 바와 다르다. 그 점에 대해 뒤에서 다시 고찰할 필요가 있다.

돈의 소유, 특별히 통화기호로서의 돈의 소유에 대한 또 다른 언급은 가이사에게 세금을 내야 하는지 말아야 하는지를 묻는 바리새인들의 질문에 대한 예수의 답변에서 찾을 수 있다. 예수께서는 동전에 새겨진 그림을 가리키면서 그것이 누구의 초상인지 묻는다. 그 초상의 주인공이 곧 돈의 소유자다. 그래서 예수는 주저하지 않고 소유권을 정치권력을 가진 가이사 곧 국가에 돌린다. 마22:17~21 한편 국가의 영광이라 할 때, 그 영광은 권세의 현실을 드러내는 것으로 곧 돈과 연관된다. 그래서 사탄이 예수를 산으로 데려가서 세상 모든 나라와 그 영광을 보이고 그것을 그에게 주겠다고 약속한 것은, 돈이 가이사를 거쳐 결국 자기에게 귀속되는 것임을 의미하는 것이다. 마4:8, 9

그러나 돈의 소유문제만으로는 문제의 핵심에 도달하지 못한다. 이것은 예수가 돈을 맘몬이라고 부른마6:24; 눅16:13 점에서 잘 나타나 있다. 예수는 맘몬 대신에 보통 돈이나 부를 나타내는 아람어 낱말을 쓸 수도 있었는데 맘몬이라는 낱말을 씀으로써 돈을 의인화하고 그것을 일종의 신격으로 다루었다. 이것은 당시에 일상적으로 사용되던 용어가 아니다. 당시 유대인과 갈릴리 사람, 그리고 근방의 이방인들도 이 명칭이 신을 가리키는 것이라는 사실을 몰랐던 것 같다. 그렇다고 예수가 진짜 하나님과 가짜 신 중에서 하나를 택해야 한다는 사실을 설명하려고 이방신을 끌어들인 것으로 볼 수는 없다. 마르땡 아샤Martin Achard가 옳게 지적한 대로 이미 탈굼이나 탈무드에도 이 낱말이 어느 정도 의인화되어 쓰이고 있다. 예수 당시의 사람들은 맘몬을 메시아가 오시면 사라지게 될, 이 세상에 속한 것으로 보았다. 거기에는 권세의 개념이 들어 있긴 했지만, 의인화되지는 않았다. 본문을 통해 볼 때 예수는 이 낱말에 매우 큰 중요성을 부여했다고 볼 수 있다. 이처럼 예수가 돈을 인격화했다는 사실, 돈에 신성을 부여했다는 사실(에비온파에서 원용했든, 예수의 창작이든)은 돈에 대해서 뭔가 특별한 것을 계시하는 것이다. 왜냐하면, 예수의 평소 언어습관은 의인화나 신격화하는 것이 아니었기 때문이다.

예수가 여기서 우리에게 계시해 보여주는 것은 첫째, 돈은 하나의 '권세' Puissance라는 점이다. 이 낱말은 단순히 힘을 가리키는 말이 아니라, 신약성서의 다른 곳에서도 그렇듯이 함축된 의미가 있는 말이다. 권세는 스스로 움직이는 것, 자율을 가지는 것, 고유의 법칙을 가진 것이며, 그래서 주체로서 행위를 하는 것이다. 둘째, 그 권세는 영적인 가치를 지닌다는 것이다. 그것은 단순히 물질세계와 관련된 것이 아니라 영적 의미가 있다. 다시 말하면 권세는 영적인 의미와 방향을 지니고 있다. 권세는 결코 중립적이지 않고, 어디를 지향하고 있으며, 인간으로 하여금 어디를 향하게 한다. 결국, 권세는 어느 정도 인격을 지녔다고 볼 수 있다. 성서에서 종종 죽음이 인격적인 힘으로 등장하듯이 여기서는 돈이 그러하다. 돈이 권세인 이유는 인간에게 돈이 필요하기 때문이거나 재물을 얻는 수단이 되기 때문이거나 또는 많은 것을 살 수 있기 때문이 아니다. 이 모든 것 이전에 돈은 이미 하나의 권세이며 돈이 드러내는 외적 현상들은 권세라는 실체가 겉으로 드러난 현상일 뿐이다.

 예수께서 하나님과 맘몬 사이에 설정한 병립관계를 과소평가해서는 안 된다. 그것은 수사학적인 어법이 아니고 하나의 현실이다. 인격으로서의 하나님과 인격으로의 맘몬, 이 둘은 서로 상반된다. 어느 것이든 둘 중의 하나와 인간과의 관계는 주인과 종의 관계다. 하나님이 주인인 것과 똑같이 맘몬도 주인일 수 있다. 즉 인격을 가진 주인이라는 말이다.

 예수는 돈의 노예가 된 어떤 구두쇠에 대해 말하는 것이 아니라 영혼의 왜곡을 말하는 것이다. 즉 사람과 객체와의 관계가 아니라 사람과 어떤 주체와의 관계를 가리켜 말하는 것이다. 그는 돈을 잘 쓰라든가 정직하게 벌라든가 하는 교훈을 전하는 것이 아니다. 그는 하나님께서 견줄 만한, 사람 위에 주인으로 군림하는, 특별한 목적을 가진 권세에 대해 말하는 것이다.

그러므로 돈이 필요하다고 생각하는 것은 큰 착각이다. 돈이 엄청나게 필요할 수 있다. 그러나 사실은 돈이 사람을 필요로 한다. 돈이 사람을 얽매어 돈의 법칙에 따라 살아야만 하도록 사람을 예속시킨다. 이것은 사람의 내적 성향의 문제가 아니라 전체 상황에 대한 관찰에서 나온 결론이다. 사람은 자유롭게 돈을 사용할 수 없다. 왜냐하면, 자기를 끄는 권세의 손아귀에 있기 때문이다. 그 권세의 측면에서 보면 돈은 외관에 불과하고 하나의 존재양식이며, 인간과의 관계상 필요한 형태에 불과하다. 이것은 성서에서 분명히 밝혔듯이 왕이나 독재자들은 또 하나의 다른 권세 곧 정치적 권세의 외양이요, 그 외적 형식에 불과한 것과 같다. 이렇게 비교한다고 해서 돈을 바울이 말하는 권력이나 권좌와 같은 반열에 세울 수 있다는 것은 아니다. 그렇지만, 그러지 못할 이유도 없다. 이 둘을 동일하게 취급하는 게 옳을 것 같다.

그런데 맘몬이 영적인 권세를 지닌다는 것은 사람이 돈에 신성한 특성을 부여한다는 것을 뜻한다. 이는 돈을 상징하는 우상에 관한 이야기가 아니라, 현대인에게 있어서 돈은 거룩한 것 일부를 이루고 있음을 말하는 것이다. 우리가 잘 아는 대로 현대인에게 돈이란 중대한 것이다. 돈 이외의 것들 즉 사랑과 정의, 지혜와 생명 같은 말은 모두 관념적인 말에 지나지 않는다. 흔히 사람들은 돈 이야기하기를 꺼린다. 대화 도중에 누가 돈 문제를 제기하면 무례한 사람으로 몰린다. 그러나 바로 이것이 돈에 대한 여러 가지 방식으로 표현될 수 있으나, 돈에 대한 거룩한 감정이 모든 사람의 깊숙한 곳에 자리 잡고 있다는 것만은 사실이다.

성서는 돈 때문에 생기는 문제들을 윤리적 차원에서 다루지 않는다. 그것들은 우선 영적인 문제다. 권세와의 관계 문제이지, 단순히 하나의 객체에 대한 태도의 문제가 아니다. 바로 그러한 관점에서 돈에 대해 언급한 구약성서의 본문들을 읽어야 한다. 그 본문들을 율법적인 관점에서만 보면 그저 법적인 여러 조치를 언급한 것밖에 되지 않는다. 좀 더 고차원적인 현실을 직시해야 그 본문들을 제대로 이해할 수 있다. 그것들은 앞으로 우리가 살펴볼 문제, 즉 인간의 마음속에 더욱 깊이 깔린 문제들에 대해 증언하고 있다. 따라서 돈이 가진 영적인 권세를 고려할 때에만 그 본문들을 제대로 이해할 수 있다.

돈이라고 하는 권세는 세상에서 여러 모양의 인간관계와 인간의 행동을 규정한다. 그것은 일반적으로 매매관계라고 부를 수 있는 것을 만들어낸다. 이 세상의 모든 것은 어떤 방식으로든 값이 매겨지고 이러저러한 방식으로 매매된다. 이것이 돈이라는 권세가 이 세상에서 활동하는 모습이다. 따라서 화폐는 이러한 권세가 활동하는 여러 수단 중의 하나이며, 보편적인 매매활동의 성스러운 감정을 드러내는 옹색한 행위다. 이는 주로 부르주아들이 가지는 감정이다. 노동자 계급에서도 같은 감정을 찾아볼 수 있지만, 관점이 조금 다르다. 그들은 돈 문제가 해결되면 노동과 인간에 대한 모든 문제가 자동으로 해결되리라고 확신한다. 이 문제를 해결하지 않는 한 모든 말과 행동은 헛것에 지나지 않는다는 확신이다. 어쨌든 돈에 대해 품는 거룩한 감정은 가장 가시적이고 구체적인 기호다. 매매행위는 아주 일상화된 행위다. 끊임없이 교환이 이루어지고 인간은 그것 없이 잠시도 살 수 없다.

그런데 이 매매행위에는 극단적이며 다양한 측면들이 들어 있다. 성서도 여기에 대해 몇 가지를 언급하고 있다. 이 매매관계로부터 제외되는 것은 아무것도 없다. 모든 것이 돈에 의해서 매매되는데, 사람도 예외는 아니다. 암2:6, 8:6 다시 한 번 말하건대 이런 현상은 추상적인 가정이 아니고 어떤 문명에도 실재하는 사실이다. 이것이 돈이라는 권세의 역학구조다. 이 점에 대해 가장 잘 알 수 있는 것은 노예제도다. 그러나 가난한 사람도 노예의 처지와 다를 바가 없음을 짚고 넘어가야 한다. 성서에 보면 가난하기 때문에 노예로 넘어가는 일이 빈번하게 나온다. 그런데 사람이 노예가 된다는 것은 육체뿐만 아니라 그 사람 전체가 노예상태인 것을 말한다. 실제로 가난한 자는 가난 때문에 모든 것으로부터 소외당한다. 자신의 노동력이 부자의 처분에 따라 좌우되므로 생기는 소외, 그리고 부자에 의해 삶의 규범과 인생관 그리고 사상과 종교를 강요당하게 되는 그런 소외 말이다.

가난한 사람들은 가난으로 말미암아 자신의 삶뿐만 아니라 그 가족의 삶과 내면의 삶까지를 부자들의 손에 맡기는 소외를 당해야 한다. 이것은 성서가 말하는바 인간 내면의 구매이며, 돈 관계를 늘 예외 없이 타락의 관계로 만드는 원흉이다. 성서는 사람의 영혼까지도 매매되고 있음을 언급하고 있다. 계18:13 이는 무시무시하고 중대한 결과를 가져온다. 왜냐하면, 이런 매매로 말미암아 인간은 하나님께 영광을 돌려야 할 본래 목적을 상실하게 되고, 인간이 하나의 매매 대상으로 전락하게 되며, 하나님 외에 다른 거짓 권위가 하나님 자리에 앉아서 사람들의 숭배를 받는 현상이 나타나기 때문이다.

이 현상은 유다의 배신행위에서 찾아볼 수 있다. 이것은 돈 때문에 생긴 배신행위로서 인간 내면의 분열현상을 보여주는 것이다. 유다의 행위를 매수된 행위로 보는 것은 터무니없는 것만은 아니다. 그 사건에서도 돈의 권세가 개입하여 주도하였음이 틀림없다. 배신이란 그 권세에 인간이 먹히는 것을 말한다. 유다의 배신은 그것이 만일 사탄과 예수 사이의 충돌이었다면, 그리고 외관상으로만 사탄이 승리한 것이라면 그렇게 철저하지 않았을 것이다. 사탄은 자기의 모든 권세를 출동시켰다. 즉 군인들에게 폭력의 권세를, 대제사장들에게 율법의 권세를, 그리고 삼십 데나리온에 돈의 권세를 부여하여 함께 활동한 것이다.

우리는 유다의 이 배신행위에서 매매관계를 총체적으로 보아야 한다. 실제로 우리가 인간의 매매관계를 문제 삼는 것은 인간이 고귀하기 때문만은 아니다. 물론 돈으로부터 인간을 보호해야 하지만, 그보다는 인간이 예수 그리스도에게서 받은 고귀한 가치 때문이다.

이제 예수 그리스도께서는, 그 자신과 우리와의 관계가 얼마나 긴밀한가를 알게 하려고, 그리고 사람이 돈에 얼마나 심각하게 예속되어 있는지를 보이고자 스스로 그런 상황에 예속되어 매매의 대상이 된다.

형제들에 의해 이집트에 팔려간 요셉 이야기에서 예언된 것과 마찬가지로 나중에 아모스암2:6에 의해 예언된 예수의 매매는 매매관계의 본질을 드러내되, 극적으로 드러내고 있다. 성서는 이 '행위'를 단호하게 규정한다. "그들은 의인을 팔았다." 우리가 행하는 모든 매매관계에는 실제로 이 행위가 반영되어 있다. 이제, 모든 관계는 예수께서 돈 관계의 목적이 되었다는 사실로 특징지어진다. 바로 여기에서부터, 곧 하나님의 아들이 시장에 끌려갔다는 사실에서부터 인간이 돈에 예속되는 것을 더는 참아서는 안 되게 된다.

그런데 이런 예속은 노예나 노동력을 매매하는 행위에만 국한되는 것이 아니라 모든 판매행위 속에 자리 잡고 있다. 왜냐하면, 대상이야 어떻든 판매행위 속에는 파괴적인 경쟁 관계가 도사리고 있기 때문이다. 사람들은 이익을 얻으려고 어떻게 해서든 좀 더 나은 상황을 찾는다. 판매가 서비스 행위라는 생각은 거짓이다. 여기에는 권세를 잡고자 하는 의지, 자신의 삶을 돈에 예속시키려는 의지가 들어 있다.

이러한 매매관계는 또 다른 특성이 있다. 그것은 앞에서 잠시 언급했듯이 매매관계는 신성모독이라는 것이다. 에스겔이 두로 왕에게 한 예언은 매매관계가 신성모독으로 발전하는 사실을 격렬하고도 자세하게 지적하고 있다. 에스겔은 두로 왕의 모든 수입과 지출 그리고 권세와 결탁한 매매 무역을 길게 나열하고서 다음과 같이 결론짓고 있다. "네가 죄악이 많고 무역이 불의하므로 네 모든 성소를 더럽혔음이여" 겔28:18 우리는 하나님을 위해 성별된 것을 더럽히는 행위가 무엇을 의미하는지, 그 결과가 어떻게 되는지를 알고 있다. 그런데 매매에 관한 전반적인 가르침과 아울러 이 구절을 근거로 하여 성전에서 공공연히 매매행위를 한 상인들에게 반격을 가한 예수의 처지를 이해해볼 수 있다. 그것은 분명히 정직한 상행위에 대한 윤리적 반격은 아니었다. 그것은 성전을 더럽히는 자들 곧 하나님의 은혜가 드러나야 할 곳에 매매업을 끌고 들어온 그들에 대한 증오의 표시였다. 그들은 성전에서 매매행위를 한 사실만으로도 유다가 하나님의 일에 극악한 신성 모독자가 되리라는 것을 예고하고 있었다.

이 사실을 이해할 때 우리는 구약성서를 더 잘 파악할 수 있다. 즉 돈의 공격성으로부터 사람의 삶을 보호해야 한다는 것과 돈은 삶을 파괴하는 힘이라는 것이다. 구약성서는 구석구석 이러한 공격력에 대한 하나님의 주권을 확인하는 증언이다. 구약은 돈이 활동하는 첫 번째 자리는 사람의 삶임을 제기하고 있다.

그러나 돈의 공격은 외적으로 드러나는 것으로 끝나지 않는다. 즉 삶과 전체를 위협하는 그런 권세의 모습으로 다가오는 것 외에 돈이 가지는 또 다른 개념이 있는데 그것은 유혹이라는 개념이다. 이 권세는 인간을 유혹하기 위해 언제나 활동한다. 그러므로 이 유혹은 인간이 갖고 싶어하는 것, 예를 들어 화폐를 향한 내심의 움직임만은 아니라는 사실을 유념해야 한다. 사람이 돈 앞에서 유혹되는 것은 그 본성에 의해서만은 아니다. 물론 부의 유혹은 존재한다. 우리는 제2장에서 이 유혹의 인간적 측면을 분석했고 마음 가는 데로 따라갈 경우 어떻게 부 속에서 자신을 상실하게 되는가를 살펴보았다. 그런데 또한 그 사실은 더욱 일반적이고 개개인에게 더욱 가혹하게 작용한다. 왜냐하면, 그 유혹 속에는 하나님의 영과는 다른 영이 사람을 소유한다는 문제가 있기 때문이다. 화폐는 인간 내면에 있는 소유욕을 드러내는 기호에 그치는 것이 아니라 소유욕을 표출하는 통로요 수단이기도 하다. 다른 영이 거기에 수반될 때, 사람을 유혹하려는 그 권세, 사람을 소유하고 하나님과 동떨어진 삶을 살게 하고 결국 인간의 마음을 독차지하려는 그 권세에 의해 이용될 때, 돈의 힘은 새삼스러워진다.

사람들이 이 권세에 사로잡힌다는 것은 그들이 돈에 실제적이고 사회·정치적인 권세를 부여했다는 것을 의미한다. 사람이 돈에 권세를 부여해야만 돈이 권세를 갖게 되는 것이다. 돈이라는 객체가 국가와 군대와 대중과 지식인들의 상전이 되는 것은 모든 사람이 그 권세를 인정할 때 한한다. 그리고 사람이 돈의 법칙에 대해 말할 수 있다는 것 역시 인간의 행동이 거기에 예속되는 한에서 그렇다. 사실, 그런 것 없이는 돈은 아무것도 아니다.

사람들로 하여금 일치된 판단과 의지로, 그 자체로는 아무런 사용가치나 교환가치가 없는 것에 가치를 부여하게 하는 알지 못할 묵계의 영역이 있다. 그것은 참으로 설명할 수 없고 비합리적이다. 인간의 본성이나 사물의 본성, 기술이나 이성의 본성 그 어느 것으로도 화폐를 맨 처음 만들고 받아들인 행위를 설명할 수 없으며, 어떤 것으로도 인간이 모든 위험을 무릅쓰고 화폐를 의지하게 된 사실은 설명할 수 없다. 우리는 경제학자도 사회학자도 명쾌하게 설명하지 못하는 참으로 모순된 영역에 서 있다. 모든 사람의 이러한 집단적 태도, 즉 화폐를 의지하려는 태도를 이해할 수 있으려면, 그와 같은 태도 때문에 돈이 영적인 권세를 갖게 된다는 점을 고려해야 한다. 만일 돈이 인간을 사로잡고 그 마음과 이성을 움켜쥐며 하나님의 영을 대신하는 영적인 권세가 아니라면 인간의 행위는 지극히 모순된다. 모든 사람이 돈이라는 단순한 기호에 그처럼 중대성을 부여한다면, 그것은 그들이 이미 유혹되었고 돈의 영에 의해 내적으로 사로잡혔다는 말이다.

성서는 이 사실을 증명하는 예를 세 가지로 들고 있다. 첫째, 제물 바치는 사람이요 레9장 사제들의 아버지 레21장였던 아론 역시 사람들 앞에 금송아지를 세웠다. 그는 하나님을 경외해야 할 자리에 우상을 세운 자로서, 그것은 이미 그를 인도하는 영이 바뀌었음을 말한다.

둘째, 가장 위대한 왕 솔로몬은 이방 여인들에 의해 거짓 신들에 미혹되었는데, 역시 돈에도 미혹되었다. 이 두 유혹의 친밀성은 특히 신명기 17장 17절에 잘 나와 있다. 왕은 너무 많은 후궁을 가져서도, 너무 많은 돈을 가져서도 안 된다. 그리고 사무엘은 백성에게, 왕은 부를 수탈할 것이고 특히 돈의 권세에 이끌릴 것이라고 경고했다. 한편, 솔로몬에 대한 하나님의 저주의 말씀이 있게 된 것도 이 돈의 영 때문이다. 그의 아들이 백성에게 똑같이 무거운 멍에 곧 똑같은 세금을 부과하려 하였으며 바로 그 때문에 이스라엘이 분열되었다. 삼상8장; 왕상10~12장

마지막으로 돈의 영에 유혹되어, 하나님의 말씀으로 말하지 않고 돈의 영에 이끌리어 말하는 예언자의 예가 있다. 이것은 단순히 사람의 부패 이상이며, 다른 영을 취함으로써 하나님의 말씀을 거짓되게 하는 것이다. 미 3:11 우리는 돈을 받는 대신 거짓 예언을 하도록 요청받은 발람의 이야기를 안다. 민22:7 이처럼 성서는 예수 그리스도의 모형이 되도록 부름 받은 사제

나 왕, 예언자도 그 기능뿐 아니라 소명 자체까지 돈의 유혹에 빠질 가능성을 말하고 있다.

예수도 그 유혹의 대상에서 제외되지 않았으나 그는 그 권세에 사로잡히지는 않았다. 그러나 예수의 모형들은 거기에 사로잡히고 말았다. 곧 예언자라 할지라도 그들 역시 보통사람들과 똑같은 상황에 있었고, 다른 사람들처럼 돈의 권세에 예속되어 있었다.

그리고 이 유혹의 권세가 사람의 마음을 사로잡아 그것을 사랑하게 할 때, 그것이 하나의 영적 권세이며 그 영향력이 겉으로 드러나는 행위에서 끝나지 않고 인간의 운명 전체에까지 미친다는 사실을 여실히 드러내게 되는 것이다.

성서가 지적하는 대로 문제는 사랑의 문제이며, 하나님에 대한 사랑과 돈에 대한 사랑 사이의 결단 문제다. 그렇다면, 한 가지 유의할 것이 있다. 사랑이라는 단어는 다소 애매한 감정이기는 하지만 어떤 제한적인 관계를 의미하지는 않는다는 점이다. 사실, 성서에서의 사랑은 철저하게 총체적이다. 그것은 모든 사람에게 있고 모든 사람을 사로잡고 모든 사람을 연결한다. 사랑은 바닥에까지 미치고 존재의 뿌리에까지 다다른다. 그것은 사랑하는 사람들 사이에, 그리고 사람이 사랑하는 것들 사이에 일종의 정체성과 동질성을 형성한다. 예수 그리스도께서 우리에게 특별히 가르치신 것은 장차 우리의 사랑이 우리가 사랑하는 대상과 우리 자신을 묶어 주리라는 것이다. 그러므로 우리는 그리스도인과 그리스도 사이에 존재하는 관계를 이해해야 한다. 그리스도와 그리스도인 사이의 관계는 사랑의 관계로서, 이 사랑은 그리스도로 하여금 인간의 형상을 입게 했고, 오늘날에는 거꾸로 인간으로 하여금 그리스도와 함께하도록 하는, 그의 삶과 죽음과 부활과 영광 속에서 그와 철저히 '함께' 하는 존재가 되도록 하는 것이다. 그리스도가 있는 그곳에 그리스도를 사랑하는 자가 있다. 그것이 이 관계의 힘이요 위력이다.

그런데 돈에 대한 사랑이 문제가 될 때 우리는 그리스도와의 관계 못지 않은 관계 앞에 선다. 그 사랑에 의해 돈이 이끄는 운명의 길을 가게 된다. "네 보물 있는 그 곳에는 네 마음도 있느니라" 마6:21

결국, 사람은 영원에 이르기까지, 그의 죽음에 이르기까지 자기가 가장 사랑했던 것을 따른다. 돈을 사랑하는 것, 그것은 망하여 사라지고, 무로 되고, 죽음에 이르기까지도 돈을 따르도록 저주받은 것을 의미한다. 그러므로 성서에서 돈에 집착하는 것 또는 돈을 중시하는 것을 정당하게 생각하는 본문은 하나도 없다. 진정한 그리스도인이라면 하나님보다 돈을 사랑하는 것을 정당화할 수 없으며, 돈을 사랑하는 것이 하나님의 영광에 참여하는 것이라거나 축복을 받은 증거라는 말은 통하지 않는다. 오히려 정반대로, 돈에 집착하면 우리가 더욱 빨리 무로 돌아가게 된다는 것이 그리스도인의 상식이다.

사랑이 총체적인 한, 성서적으로 볼 때 그것은 둘로 분할되지 않는다. 두 개의 영적 삶이 동시에 존재할 수 없으며 나누어질 수 없다. 사랑은 나누어질 수 없고, 두 주인을 섬길 수도 사랑할 수도 없다. 사랑은 철저히 우리가 사랑하는 것만을 따라가게 하므로 우리는 두 가지를 동시에 사랑할 수는 없다. 예수는 선택의 필요성을 강하게 역설하고 있다. "하나를 사랑하면 다른 하나는 미워한다." 따라서 하나를 사랑하는 것은 다른 것을 단순히 멀리하거나 관심을 두지 않는다는 것이 아니라 다른 것을 '미워하는' 것이다.

만일 돈이 영적인 이면을 가지지 않은 단순한 객체에 불과한 것이었더라도 예수께서 돈을 그토록 멀리 하셨을까?

　돈을 사랑하는 것, 돈에 집착하는 것은 하나님을 미워하는 것이다. 따라서 바울이 왜 돈이 모든 악의 뿌리라고 말할 수 있었는지를 이해하게 된다. 딤전6:10 그것은 윤리문제를 따지는 진부한 생각이 아니라 오히려 철저히 그 반대의 표현이다. 돈이 하나님에 대한 증오인 한, 결국 돈은 하나님과의 사이를 갈라놓는 모든 악의 뿌리다. 그래서 바울은 같은 본문에서 돈에 대한 사랑에 빠진 사람은 그 믿음을 '잃는다' 고 강조한다. 결국, 똑같은 이야기다. 단순히 윤리적인 잘못으로는 믿음을 잃지 않는다. 윤리적인 잘못은 믿음에서 '멀어지게' 하는 사탄의 유혹일 뿐이다.

　그런데 우리는 이 모든 문제를 우리 마음대로 해결할 수 있다는 생각으로 계시의 내용을 약화시키는 경향이 있다. 즉 이 모든 것이 사랑의 문제로 귀결된다고 할 때, 그것보다 더 쉬운 일이 있겠느냐는 생각에 안이한 태도를 보이게 된다. 사람들은 흔히 "그러면 돈을 사랑하지 않으면 모든 문제가 해결되겠군" 또는 "나는 돈을 사랑하지 않아!"라고 말한다. 아마 많은 그리스도인이 그렇게 말하리라. 그러나 먼저 명심해야 할 것은 이 '사랑의 관계' 의 심각성이다. 이는 결코 우리가 좌지우지할 수 없는 심각성이다. 그리고 돈에 대한 사랑은 그 영적인 위력에 의해 야기된다는 것을 유념해야 한다.

　만일 우리가 어느 정도 우리 생각과 감정을 조정할 수 있다고 해도, 그리하여 우리 마음에서 나오는 유혹을 이길 수 있다고 해도 돈에 대한 사랑을 완전히 배제할 수는 없다. 왜냐하면, 그것은 외부적으로 우리를 누르는 권력처럼 우리로서는 감당할 수 없는 권세의 유혹에서 나오는 것이기 때문이다. 다시 바울에게 돌아와서 이런 교훈을 얻을 수 있다. "우리의 씨름은 혈과 육을 상대하는 것이 아니요 통치자들과 권세들과 이 어둠의 세상 주관

자들과 하늘에 있는 악의 영들을 상대함이라" 엡6:12 그러므로 돈에 대한 사랑을 물리치는 것은 우리의 능력에 속한 일이 아니다. 우리의 힘은 부족하다. 하나님의 개입이 필요하다. 그러나 여기서도 문제를 너무 단순화시키지 않도록 주의하자. 하나님이 우리를 사로잡는 권세에 대항하고 우리가 집착하는 보화를 가져가시는 것은 하나님이 바로 우리 자신에게 대항하신다는 것을 뜻한다. 하나님은 우리를 과거의 상태로 내버려둔 채 마술방망이를 툭 쳐서 구원하시는 것이 아니다. 그것은 우리 자신의 구원이기 때문에 과거와의 단절에서 오는 죽음의 고통을 느낄 수 있다. 권세의 위협에서 우리를 구원하시는 하나님은 우리에게 있는 기존의 뿌리를 제거하기도 하신다. 그는 우리를 구원하신다. 그러나 바울이 말한 대로 불을 지나는 구원이다. 왜냐하면, 이 불에 견디지 못하는 것은 태워 버려야 하기 때문이다.

이 구원은 하나님의 심판을 거쳐 이루어지며, 우리가 그 심판을 받아들일 때 열매를 맺는다. 심판은 먼저 맘몬에 대한 심판이다. 예수께서는 십자가의 죽음으로써 그 권위를 박탈하여 그 권세를 누그러뜨렸다. 맘몬은 심판받는다. 그러므로 맘몬의 능력과 맘몬이 권세를 부리는 기한이 줄어든다. 그러나 그것은 아직도 우리를 훨씬 능가하는 힘을 갖고 있기 때문에 우리로서는 무서운 세력임을 인정하지 않을 수 없다.

그러나 맘몬에 대한 심판을 계기로 우리의 심판은 해방의 심판이 된다. 하나님이 우리를 심판하실 때, 맘몬의 심판 바로 그것을 통해 우리를 자유롭게 하신다. 맘몬에 대한 심판이 없다면 심판이란 우리가 사탄에 속해 있어 빠져나갈 틈이 없음을 극적으로 입증하는 것일 뿐이다.

하나님의 심판은 우리의 인격에 대한 심판일 뿐 아니라 우리가 가진 것, 우리가 하는 것 등에 대한 심판이므로 그것은 또 우리의 재물, 우리의 돈에 대한 심판이기도 하다. 그것은 피할 수 없는 과정이다.

우리가 에스겔서 27, 28장에서 보는 것이 바로 그것이다. 거기에서 우리는 권력에서부터 인간의 심성에 이르기까지 부와 돈이 초래하는 과정을 본다. 모든 지배욕, 교만, 안정, 하나님에 대한 인간의 자율은 모두 정죄 된다.

젊은 부자 청년에 대한 예수의 말씀에서도 우리는 똑같은 심판을 본다. 그 젊은이는 착한 일을 하며, 윤리적 관점에서 볼 때 나무랄 게 없으며, 돈에 대해서도 할 수 있는 만큼 한 사람이다. 그럼에도 불구하고 그가 아직 해결하지 못한 것이 있는데, 그것은 돈과의 관계다. 분명히 그는 그 문제를 윤리적으로 처리할 수 있으나 그것으로는 문제를 해결하지 못한다. 그는 아직 돈의 권세에 매여 있으며 예수는 그것을 실제 상황으로 드러냈다. 우리는 여기서 예수가 말하고자 하는 것이 그의 명령을 윤리적 차원에서 일반화하라거나 모든 그리스도인이 자기 재산을 전부 팔라는 말은 아니라는 것을 잘 안다. 이 구절의 의미가 그런 것은 아니지만, 그것이 심판인 점을 고려할 때, 우리는 돈에 대한 사랑 곧 우리가 아무리 거기에서 벗어난다고 해도 벗어나지 못하는 돈에 대한 애착을 드러낸 말씀으로 이해해야 한다. 하나님의 이 명령에 따라 우리의 삶을 가늠하지 않는 한, 우리는 아직 돈에 사로잡혀 있는 것이다. 그리고 그 심판을 이해했을 때, 그 젊은이처럼 우리도 머리를 떨어뜨리고 침울하게 그러나 아마도 구원을 얻은 채 떠날 수 있을 것이다.

구원이다. 저주가 아니다. 이 순간에 저주받는 것은 돈의 권세지 사람이 아니다. 하나님의 심판은 사람에 '대한' 것이 아니라 사람을 '위한' 것임을 명시해야 한다. 하나님은 사람을 망가뜨리거나 정죄할 의지나 의도를 하고 있지 않으시다. 오직 사람을 구원하고 살게 하려 하신다. 따라서 심판은 우리의 멸망을 위한 것이 아니며 부자 청년에 대한 명령도 그의 사악함을 드러내고 하나님의 저주가 얼마나 정당한가를 보이기 위함이 아니다. 반대로 인간의 연약함을 들추어내고, 인간이 얼마나 돈의 권세에 매여 있는지, 돈이 얼마나 큰 권세인지, 인간이란 얼마나 예수의 개입과 은혜를 필요로 하는지를 보여주고자 한 것이다. 그러나 다른 가능성, 다른 출구는 없다. 심판을 피하려는 소망은 헛된 소망이다.

그런데 이 심판은 특성에 의해 우리를 자연세계와는 다른 세계로 인도한다. 그것은 우리를 하나님의 세계로 인도한다. 그 세계는 이미 이 땅에서 은혜라는 특성이 있는 세계다. 우리가 자주 사용하는 이 단어의 중요성을 실감할 필요가 있다. 은혜는 자유로운 행위며 하나님의 '거저 주심'이다. 사실 하나님의 세계를 특징짓는 것은 거저 주심이다. 은혜는 엄밀히 말해서 대가를 요구하지 않는다는 점에서 은혜다.

"너희 목마른 자들아, 물로 나아오라. 돈 없는 자도 오라. 너희는 와서 사먹되 돈 없이, 값없이 와서 포도주와 젖을 사라"사55:1 우리는 하나님의 각별한 자유 앞에 서 있다. 하나님의 자유란 우리가 어떤 것을 주고도 하나님의 용서를 살 수 없음을 의미할 뿐 아니라 하나님은 세상의 법에 따르지 않고 은혜의 법에 따름을 의미한다. 하나님의 유일한 행위는 은혜다. 단 한 번 하나님이 매매법칙을 따르신 적이 있다. 그것은 자기 아들이 팔리는 것을 용납하셨던 때이다. 하나님은 사람을 다시 사고자 값을 치르셨다. 속죄라는 것은 말 그대로 사람을 해방하기 위해 사탄이 요구한 값을 치렀다는 것이다.

하나님은 사탄과 거래하기 위해 거저 주심의 법칙을 깨뜨리셨다. 거기서도 우리는 그리스도께서 육의 한계를 감수하신 것처럼 원수의 법을 받아들이기까지 자기의 의지를 포기한 하나님의 사랑의 심대함을 가늠해볼 수 있다.

하나님이 값을 치르셨다. 사탄이 요구한 교환을 수락하셨다. 그러니 사탄은 자기가 하나님을 자기의 법칙 곧 매매법칙에 굴복시켰다고 주장할 수 있게 되었다.

그러나 하나님이 사탄의 요구 조건을 수락할 만큼 낮아진 것은, 인간을 죄의 상태에서 해방하기 위해 성육신하셔서 인간의 상황조건으로 들어가려는 것이다. 결국, 그것 역시 은혜의 행위다. 하나님이 값을 치르신 것은 구원하기 위한, 곧 은혜를 주기 위한 행위다. "너는 큰 값을 치르고 해방되었다." 사실 그것보다 더 높은 가격은 없다. 우리의 삶에 대한 하나님의 평가, 자식을 내주면서까지 하나님은 우리 각자의 삶을 귀하게 평가하셨음을 잊어서는 안 된다. 끊임없이 기억해야 한다. 그 기억이 우리 그리스도인 삶의 근본적인 원칙의 하나가 되어야 한다. 당신이 자유로운 삶을 영위하게 하려고 하나님은 대가를 치르시고, 당신을 해방시키신다. 하나님은 말할 수 없이 높은 가치로 당신을 평가하신다. 하나님은 그 가격을 치르셨다. 한 사건에 대한 이 세 가지 관점은 구체적인 삶에서 굉장한 결과를 낳는다.

그러나 하나님은 이처럼 매매법칙을 따라 값을 치르면서도 우리에게는 우리의 자유를 위해 아들을 거저 주시는 분이다. 그리하여 우리는 은혜로 인도된다. 하나님의 유일한 행위는 선물이다. 그가 생명을 주고 자기 아들을 주신 것처럼, 그 아들 또한 자기 생명을 주고 우리를 용서해주신다. 그리하여 우리가 누려야 할 새 나라는 아무것도 팔고 사지 않는, 모든 것이 주어지는 나라다. 그러므로 정확히 말해서 돈에 의해서 지배되는 세계와 하나님의 세계는 서로 상반된다. 전자에서는 매매행위가 일상적인 행위지만 후자에서는 모든 것이 거저이고 거저 주는 것이 일상적인 행위다. 마찬가지로 돈과 매매에 따라 이루어진 사랑은 은혜와 거저 줌에 의해 이루어진 사랑과는 정반대다. 그 방향이 서로 다르다. 니그렌Nygren이 어떤 동기가 더 지배적이냐에 따라 에로스와 아가페를 구별했던 것이 그 예다.

맘몬이 하는 모든 일은 하나님이 하시는 일과 아주 상반된다. 이런 상반성을 고려하면 왜 예수가 맘몬과 하나님 사이에 선택을 요구했는지 이해가 된다. 그는 어떤 다른 권세나 다른 신을 말하지 않았다. 하나님의 행위와 정반대로 가는 것, 이 세상을 '무無은혜'가 지배하도록 하는 것을 지적했던 것이다. 물론 모든 권세, 모든 신격은 어떤 방식으로든 하나님과 반대 방향에 선다. 그러나 그 형태로 볼 때 맘몬만큼 반대되는 것은 없다. 왜냐하면, 맘몬은 은혜와는 조금도 양립될 수 없기 때문이다. 거저 줌이 한가운데로 들어갈 때 맘몬은 그 존재 이유와 권세를 상실하고 마는 것이다.

이 둘의 화합, 그것이야말로 사람이 늘 찾아 헤매는 것이지만, 이 둘은 절대 화합될 수 없다. 악한 종의 비유마18:23~35에서 말하는 것도 그것이다. 그가 빚을 탕감하고 더는 갚지 않아도 된다는 은혜를 받았을 때, 그는 은혜의 세계에 들어갔다. 그리고 이것은 그에게도 새로운 행실을 요구한다. 거저 주는 자비가 그것이다. 그가 다른 사람에게 거저 주려고 하지 않을 때, 그것은 자기에 대한 은혜도 거부함을 뜻하며, 그것은 그가 아직 은혜의 세계에 들어가지 않았음을 의미한다.

가톨릭이 주장하는 공적에 대한 교리에서 우리는 그러한 태도의 심각성을 볼 수 있다. 덕과 행실을 통해 하나님 앞에서 획득하는 공적은 하나님께 돈을 치르는 태도요, 그의 은혜를 사는 수단이다. 그것은 돈의 법칙을 하나님의 사업에까지 침투시키려는 노력이며, 맘몬을 은혜의 세계에 끌어들이려는 시도다. 결국, 하나님 사업을 전체적으로 파괴하는 행위다. 이 순간 세상 법칙만이 유일하게 존재하며, 돈이 진정한 왕이 된다. 돈을 받고 면죄부를 파는 행위는 어쩌다가 생긴 부작용이 아니라, 공적을 통해 은혜

를 사는 데서 오는 필연적이고 당연한 결과다.4)

그리고 우리가 흔히 선과 악, 공적과 죄를 계산하듯 하나님의 심판을 생각하는 것도 똑같은 잘못이다. 우리는 하나님의 심판이 어떤 측정이나 회계장부에 따라 이루어진 것으로 생각하는 경우가 얼마나 많은가! 우리는 하나님의 심판을 우리의 선행과 악행이 모두 적힌 책을 갖다놓고 회계책임자가 염가매출을 하는 것처럼 생각하곤 한다.

그러나 하나님은 시장 경기를 생각해서 값을 결정하는 식료품 장사도 아니고 회계책임자도 아니다. 그런 식으로 심판을 받아들이면, 그것은 한 번 더 돈의 법칙을 하나님의 진리 속에 침투시키는 오류를 범하는 것이다. 그것은 또다시 하나님의 세계와는 무관한 매매법칙에 굴복하는 것이다. 하나님의 심판은 은혜의 심판이다. 하나님께서는 아들을 거저 주시는 행위로 모든 관점을 바꾸셨기 때문에 우리에게는 계산의 논리를 따라갈 권리가 없다. 계산의 논리는 심판에 견디지 못하지만, 자비는 심판을 이긴다. 약2:12, 13 여기서 우리는 왜 우리와 우리의 돈,우리의 행실에 대한 하나님의 심판이 우리를 은혜의 세계로 인도하는지 알 수 있게 된다.

---

4) 여기에 반대되는 것처럼 보이는 본문이 딱 하나 있다. 보물이 묻힌 밭을 사기 위해 그가 가진 모든 것을 판다는 하나님나라의 비유다.(마13:44) 그러나 그것이 비유라는 점을 먼저 염두에 두어야 하고 그 비유 속의 어떤 행위가 그 자체로서 핵심을 이루는 것이 아닐 때 거기서 일반적인 법칙을 끌어내서는 안 된다. 달란트의 비유를 근거로 우리가 돈을 늘려야 한다고 하는 결론을 끌어낼 수 없는 것과 마찬가지다. 단 하나의 교훈(여러 개의 교훈이 아니다), 곧 비유의 중심과 핵을 이루는 가르침 하나를 찾을 줄 알아야 하며 세부적인 것에 집착해서는 안 된다는 것은 이미 다 아는 사실이다. 이 비유의 의미는 파는 데 있지 않고 하나님나라를 위해 자기가 가진 모든 것을 포기한다는 데 있다.

둘째로 생각해야 할 것은 이 본문이 45절과 병행되고 있다는 점이다. 45절은 사람을 자유케 하기 위해 아들을 주시는 하나님의 행위를 묘사하고 있다. 여기서 문제 삼는 것은 하나님나라와 이 세상의 고귀함이다. 이 점에 대해서는 쿨만(Culmann)이 잘 지적하였다. 결국, 밭을 사는 행위(보물을 사는 것이 아니다)가 가리키는 점도 그것이다. 매매법칙 하에 있는 것은 세상이며 하나님나라 그 자체가 아니다.

이미 구약에서, 우리는 축복의 상징인 부에 대한 약속을 통해 하나님의 백성에게 주신 거저 주심의 징표를 본다. 레위인들이 좋은 예다. 그들은 땅도 돈도, 아무것도 없는 자들이다. 각 부족에게는 땅의 분배가 이루어졌지만 레위 자녀들에게는 아무것도 돌아가지 않았다. 그들은 개인적인 수입원을 가져서도 안 된다. 레위인들에게 이렇게 한 이유는 그들이 다른 지파의 경계선에 구애받지 않고 여기저기 옮겨 다닐 수 있도록 하여 사제의 자유를 확보하고 어느 곳에서든 의식을 치를 수 있도록 하기 위해서만은 아니다. 오히려 그것은 인간에 대한 하나님의 은혜, 하나님의 거저 주심을 백성에게 입증하기 위한 목적을 가진 것이다. "여호와께서 또 아론에게 이르시되 너는 이스라엘 자손의 땅의 기업도 없겠고 그들 중에 아무 분깃도 없을 것이나 나는 이스라엘 자손 중에 네 분깃이요 네 기업이니라" 민18:20

그들은 하나님이 거저 살게 하신다는 증인들이다. 그들은 하나님께 바쳐진 것, 하나님이 그들에게 준 것을 하나님과 함께 나눈다. 그들은 하나님이 이스라엘 백성을 이집트에서 해방시키셨듯이 값없이 해방시키신다는 사실의 증거에 불과하다. 왜냐하면, 그들은 정치·사회적인 규범에 대해 자유롭기 때문이다.

그들은 하나님이 값없이 스스로 계시하신다는 사실의 증거다. 그들의 사제직은 하나님이 이스라엘에 준 선물이다. 민18:7 그러나 그들은 또한 하나님이 모든 것의 주인이고 모든 것을 소유하시며, 그것을 원하시는 대로 처분하신다는 사실의 증거다. 레위인은 하나님의 집에서 거하고 무엇보다 십일조를 징수하기 때문이다. 그러므로 그들은 그들의 존재 자체가 은혜의 증거다. 곧 돈의 유혹에 지고, 돈에 사로잡히고, 돈에 자신의 존재를 바치는 사람들 가운데서도 그들이 엄연히 존재할 수 있다는 사실은 그 사실 하나만으로도 거저 주심의 증거라 할 수 있다.

2. 돈의 유혹

"예수께서 헌금함을 대하여 앉으사 무리가 어떻게 헌금함에 돈 넣는가를 보실 새"막12:14 예수께서 연보궤에 돈 넣는 것을 지켜보았다는 사실은 문제의 중요성을 환기시킨다. 넉넉지 못한 예물을 드린 여인을 높이 평가하신 예수의 말씀은 우연한 행위가 결코 아니다. 거기에는 예수의 깊은 의도가 들어 있다. 예수는 사람들을 지켜보려고 연보궤 맞은편에 앉았다. 그런데 예수의 관심은 헌금의 양이 아니라 헌금하는 방식이다. 즉 '어떻게'가 예수의 주요한 관심사다. 그것은 돈 문제에 대한 예수의 특별한 관심을 말한다. 우리는 여기서 예수가 특별히 돈에 대한 우리의 행실을 지켜보지는 않는다는 것을 알 수 있다. 혼동하면 안 된다. 문제는 우리의 정직성이나 관대함이 아니라, 돈에 대해 어떻게 생각해야 하느냐는 것이다. 여기에 대해서 예수는 부정적이든 긍정적이든 어떤 판단을 내린다. 이 말은 우리가 돈을 취급하는 때에는 언제나 예수의 특별한 관심 앞에 선다는 뜻이다. 예수는 거기에 단호하게 서 있다. 돈에 대한 우리의 태도가 하나의 기준이 된다.

여기서 '돈의 유혹' 이라는 문제를 제기할 수 있다. 돈이 우리에게 매우 중요한 것이면 그것이 돈이 우리 사회에서 큰 역할을 하기 때문만은 아니다. 성서가 여기서 암시하는 바는, 우리는 매일의 생활에서 돈에 대한 분명한 태도를 표명해야 할 물음에 직면하고 있다는 것이다. 우리가 정말로 은혜의 세계에 살고 있는지를 가려낼 기준이 거기에 있다는 것이다. 돈에 대한 우리의 행위가 중요한 것은 그것이 결정적이고 영적인 행위라는 점에서 그렇다. 물질을 소유하고 사용하는 것은 일상생활의 당연한 결과다. 그러나 그것은 필연적이고 피할 수 없는 결과다.

돈이 그리스도인의 삶을 시험하는 시금석으로서의 특성이 있었다는 것은 누가복음에 있는 불의한 청지기의 비유에 잘 나와 있다. 눅16:1~13

먼저, 이 비유는 뒤의 설명과 더불어 하나의 틀을 이루는 것으로 보인다. 불의한 청지기의 비유는눅16:1~8 거기에 붙은 설명눅16:9~13과 분리될 수 없다. 마태복음 6장 24절에 나오는 맘몬에 대한 말씀은 이 이야기의 9~13절에 있는 교훈과 다른 상황을 언급하고 있다는 생각은 사실과 다르다. 그 둘은 매우 강하게 연관된 것으로 보인다. 두 요소를 분리하려는 사람들은 불의한 청지기 비유의 결론을 "이 세상의 아들들이 더욱 슬기롭다"는 것으로 생각하는 사람들이다. 그런데 이 비유는 부에 관한 말씀의 전체 맥락 속에서 이해해야 한다. 눅15:11~32, 16:14~18, 19~31 놀라운 것은 돈 문제를 직접 들추는 이 비유가 일상에서 돈에 대해 어떤 태도를 가져야 할 지의 물음에 대해 아무런 가르침도 주지 않는다는 것이다. 이 비유는 부에 관한 말씀 전체 속에서 이해 해야 한다. 그런데 만일 8절이 결론이고 비유의 핵심이라면 이 본문은 아무런 의미도 없을 것이다.

한편, 누가복음 16장 9~12절이 어느 부분과 연관이 있는지는 알기 어렵다. 이 구절은 13절과도 잘 연결되지 않고 공관복음서 어느 곳에도 그런 구절을 찾기 어렵다. 그 자체로는 설명하기 어려운 독립된 말씀일지 모른다. 그러나 그 구절을 독립된 것으로 보려면 9절 첫 부분을 삽입된 것으로 보아야 한다. 그러나 이 9절은 8절에 있는 주인의 말씀과 연관되어 있음을 알 수 있다. 앞뒤 문맥에 따라 그 의미를 연관시켜 보면, "주인이 이렇게 말씀하셨다. 그러므로 나는 이렇게 말한다. 불의한 재물로 친구를 사귀라"는 뜻이 된다.

결국, 13절도 이 이야기의 한 부분이다. 그것은 마르땡 아샤가, 아람어

설화에는 있었으나 헬라어로 번역하는 과정에서 사라진 '아만' Aman 5)과 맘몬과의 낱말풀이를 통해 강조한 것과 같다. 불의한 청지기 이야기는 신뢰를 다투는 두 주인 사이의 갈등을 지적한다. 그리고 여기에 대한 예수의 답변이 13절 말씀이다.

그러므로 이 본문은 통일성이 있다. 9절에서 13절까지가 비유에 대한 설명이고 8절은 삽입된 것으로 거의 괄호에 넣어도 좋다. 이 설명부분은 돈에 대한 예수의 태도가 어떠했나를 아는 데 귀중한 말씀이다. 왜냐하면, 이 비유의 의미는 '불의한 재물'로 번역된 낱말, 정확히 말하자면 '부패한 맘몬'이라는 낱말을 중심으로 전개되기 때문이다. 그런데 누가는 차라리 헬레니즘적이었으면서도 같은 뜻의 헬라어를 쓰지 않고 아람어를 썼는데, 그것은 이 단어가 힘이 있고 다른 단어가 취할 수 없는 가치를 가졌기 때문이리라. 앞에서 돈의 권세를 말하는 부분에서 그 단어의 내용을 살펴보았다.

이 맘몬의 특징은 무엇인가? 6) 첫 번째 특성은 '부패'다. 이는 맘몬이 인간의 의나 하나님의 의와 전혀 일치하지 않는다는 뜻이다. 여기서 우리는 한 번 더 윤리차원을 벗어나야 한다. 사실 우리가 축적하고 번 돈인 부를 생각할 때, 그것이 윤리적 관점에서 불의하다고 할 수는 없다. 정직하게 얻은 부가 있다. 따라서 이 가르침을 단지 불의한 재물에만 해당하는 것으로 국한하려는 경향이 있다. 그러나 그것은 너무 안이한 태도며 본문과 동

---

5) 마르땡 아샤 연구한 맘몬의 어원을 보자. 맘몬의 어원은 '아만'(Áman)으로서 이는 안정과 폐쇄의 뜻을 지닌 것인데 '충성하다, 신뢰를 가지다, 믿다'라는 낱말이 거기서 나왔고, 나아가 진리(혹은 진실), 충성심 등의 어원이기도 하다. 예수의 비유 안에도 맘몬(Mammon)과 아멘(Amen)이 나란히 있다. 부와 신뢰와 믿음의 권세…. 따라서 맘몬은 견고함을 지닌 것으로 신뢰와 믿음을 요구하는 안정된 권세이다.
6) 여기에 대해서는 크레스만(J. Kressmann)의 『살아계신 하나님의 덫』 *Le Piége du Dieu vivant*과 마르땡 아샤의 논문 "맘몬 소고"(Notes Mammon, Etudes Théologiques, 1953)에서 영감을 받았다.

떨어진 태도다. 본문이 의도하는 바는, 부패는 맘몬의 필연적인 속성이요 부패가 여러 모양으로 맘몬을 둘러싸고 있다는 것이다. 부패를 잉태하고 일으키는, 불의에서 나와 불의를 상징하는 것이 맘몬이다. 어떻든, 불의는 하나님을 거스르는 것으로 맘몬의 특성이다.

맘몬의 두 번째 특징은 그것이 별것 아니라는 것이다. 우리는 하나님과 맘몬을 대립시키는 마니교적인 이원론을 배격한다. 맘몬은 하나님에 대항하는 자가 될 수 없다. 형태의 측면에서 반대된다는 것이지 결코 하나님과 동등할 수는 없다. 맘몬은 꺾인 권세에 지나지 않는다. 그것은 전능하신 하나님의 손안에 있는 존재다. 추수 때까지 가라지를 곡식과 함께 자라게 하는 것은 가라지를 뽑으려다 곡식을 다칠 위험이 있기 때문이다. 하나님은 추수 때를 기다리시는 것이다.

맘몬의 세 번째 특징은 거짓이다. 이것은 맘몬의 첫 번째 특징인 부패의 다른 측면이다. 맘몬은 참되고 진실한 부富, 진리 안에 있는 재물에 반대된다. 11절 그것은 어둠의 세상에 속해 있고 사람을 어둠으로 인도하는 거짓 세력이다. 성서는 맘몬이 끊임없이 사람을 이기는 권세라는 사실을 드러냄으로써 맘몬이 거짓임을 입증한다. 맘몬은 자기가 결코 만족하게 해주지 못하는 욕구를 사람의 마음속에 불러일으킨다.

"은을 사랑하는 자는 은으로 만족함이 없고 풍부를 사랑하는 자는 소득으로 만족함이 없나니 이것도 헛되도다" 전5:10 맘몬의 이러한 힘이 사람으로 하여금 그것을 숭배하게 한다. 그리하여 사람은 하나님 사업의 거짓 복사체인 맘몬의 사업을 믿음과 소망과 사랑을 가지고 받아들인다. 그러나 이 모든 것은 거짓된 것이다. "엄밀히 말해 맘몬은 사람이 즐기지 못하는 부다. 왜냐하면 즐기는 것도 하나의 은혜이기 때문이다. 그러나 맘몬은 모든 은혜 밖에 있다."J. Kressmann 그래서 돈을 사랑하는 사람은 돈으로 만족하는 것 같지만 실제로는 자신이 굳건하다고 믿었던 지반이 꺼지는 결과를 맛보게 된다. 맘몬은 부자에게 우선 돈을 갖다 줄지 모르나 결국은 그의 생명을 앗아간다. 그리고 자신을 안정되고 견고하며, 믿을 만한 것처럼 보이게 함으로써 사람을 현혹한다. 그 이름만 가지고도 인간을 혼란케 하는 맘몬은 장래를 보장하는 척하며 결국, 인간의 믿음까지 끌어들인다. 그 보장은 헛된 환상임에도 불구하고 말이다.

끝으로 맘몬은 사탄에 예속되어 있다. 그리고 돈은 맘몬에 속해 있다. 이 점에서 "너희는 탐내되 가지지는 못한다"는 야고보서의 말씀은 놀랍다. 사람은 결코 돈을 가질 수 없다. 왜냐하면, 돈은 결국, 사탄에게 속해 있기 때문이다. 그것은 우리에게 매여 있지 않기 때문에 우리 손에서 빠져나간다. 그것을 처분하는 주인은 따로 있다. 그런데 이 주인은 하나의 통일체를 이루려고 돈을 이용하여 사람을 소유하고 그의 주인이 되고자 한다. 그런데 누가복음 16장에서 예수가 말하는 대상은 하나님께 속한 자들 곧 제자들이다. 그들에게는 돈이 항상 낯설게 느껴진다. 왜냐하면, 그들은 돈이 아닌 다른 주인에게 속해 있기 때문이다.

그리하여 맘몬의 특징은 신실함의 문제를 제기하는 이 본문 구절에서 드러난다. 신실하다는 것, 그것은 자기 주인의 법과 뜻을 따르는 것이다. 그런데 우리에겐 맘몬과 하나님이라는 두 주인이 있을 수 있다. 이 둘은 각기 자기의 법과 뜻이 있다. 따라서 두 종류의 신실함, 두 종류의 복종이 있을 수 있다.

그 둘은 행실과 사랑, 가치와 규범이 서로 상반된 두 체계를 형성하고 있으므로, 한 주인의 법칙을 따라 그에게 신실하면 나머지 하나에는 신실할 수 없다. 세상의 재물과 부에 마음을 쓰는 청지기는 돈의 법칙에 따라 그것을 늘리고 경제·정치적인 면에서 활동함으로써 맘몬에게 충성할 수 있다.

그러나 그는 이 활동의 영적인 진리를 추구할 수는 없다. 단지 윤리성에 만족해야 한다.

또 하나의 길은 이 세상이 아닌 그리스도께 마음을 쏟고 하나님의 뜻을 찾고 그의 은혜로 살아감으로써 하나님께 충성하는 길이다.

그러나 이렇게 산다는 것은 돈이 지배하는 세상의 경제생활에서 벗어나게 된다는 것을 말한다. 그런데 이 이중의 신실성은 문제를 완전히 이원화할 경우, 그렇게 큰 어려움을 가져오지는 않는다. 즉 이 세상에 살면서 하나님의 뜻을 완전히 무시하거나, 수도원에 들어가 맘몬의 오염으로부터 도피하는 것이다. 그러나 예수께서는 이러한 이원화를 이상적으로 여기지 않았으며 정당하게 보지도 않았다. 오히려 그리스도인은 돈(또는 경제세계)을 이용해야 한다. 그리스도인의 시각으로 볼 때 돈이 그리스도인의 삶과 비교하여 너무 불의하고 동떨어져 있으며, 너무나 중요치 않아 보인다 해도 말이다.

맘몬이 제공하는 것을 이용해야 한다. 그것을 무시하지도 거부하지도 말아야 한다. 그러나 문제는 '어떻게'이다. 여기서 우리가 찾으려는 핵심이 바로 이것이다. 우리가 맘몬의 세계에 살고 있으며 권세의 통로인 돈을 소유하고 있고, 매매를 하고 있기 때문에 맘몬에게 충성할 것인가? 아니다. 여기서 예수가 요구하는 것은 하나님께 충성하는 것이다. 하나님에 대한 충성은 영적인 것들에만 국한되지 않고 세상에 속한 것들까지 다 포함하는 것이다. 실제로 하나님께 신실한 사람은 돈이 지배하는 세계에서 살아야 한다. 이때, 우리는 그리스도께서 이 세상에 들어오려고 사람의 몸을 입었지만, 죄의 법은 따르지 않으신 것을 본받아야 하며, 이 세상 법에 따르지 않으려고 예수 그리스도에게 매달려야 한다.

여기 두 세계가 있다. 매매의 세계와 은혜의 세계, 서로 철저히 상반되는 세계다. 서로 낯설고 교통이 없는 세계다. 예수는 우리가 하나님에 대한 신실함과 은혜를 가지고 이 세상에 들어가 그걸 관통하라고 요구한다. 따라서 앞에서 우리가 말했던 삶의 태도 곧 매매의 법칙을 따르고, 그 법칙을 은혜의 세계에 침투시키는 삶의 방식과는 전혀 반대되는 태도가 요구된다. 은혜가 매매의 관습적인 도구를 이용하고, 그것이 돈의 권세를 관통해야 한다. 이때에야말로 은혜에 의해 맘몬이 파괴되고 무서운 권세를 더는 행사할 수 없게 된다.

세상 속에서도 하나님께 충성해야 하는 이유가 여기 있다. 겉으로 보기에 우리에게 돈을 주는 주인같이 보이는 맘몬 너머에는 진짜 주인이 있다. 우리는 그분에게만 충성하면 되고, 그분은 우리에게 이 세상에서 해야 할 일을 주신다. 따라서 우리는 하나님이 주시는 은혜로 말미암아 매매의 사슬을 끊고, 사람을 둘러싼 돈의 법과 결별해야 한다.

불의한 청지기의 비유는 몇 가지 관점에서 우리에게 교훈이 되고 있다. 여기서는 한 가지만 다시 보기로 하자. 그는 비록 부정직하긴 하지만 빚진 자들에게 빚을 줄여줌으로써 은혜를 베풀었다. 분명히 그는 다른 이의 돈으로 그 일을 했다. 그러나 중요한 것은 그가 거저 줌의 행위를 실천했다는 것이다. 즉 채무자의 의무를 감해 주었다. 그의 행위는 보기에 따라서는 비판의 대상이 될 수도 있지만, 채무자들은 그의 행위 때문에 용서의 세계, 거저 줌의 세계, 탕감의 세계, 결국, 은혜의 세계로 들어가게 되었다. 이 점에서 돈에 대해 불충한 이 청지기는 은혜에 대해서는 충실해진다. 그래서 그로 말미암아 은혜의 세계에 들어가게 된 채무자들은 그의 친구가 된다. 바로 이런 것이 거저 줌의 관계다.

이제 우리는 돈이 형성하는 시험이 어떤 것인지 잘 알 수 있다. 비유에 나오는 청지기는 '불의한 청지기'라고 불린다. 때로는 불충한 청지기라고 번역하기도 하는데 이 말이 본래의 의미를 더 잘 살린다. 실제로 불의한 청지기란 불의하고 부당한 것을 관리하는 청지기를 가리킨다. 우리가 모두 이 세상에서 하는 일이 바로 그것이다. 만일 불의한 것들 속에 있으면서도 우리가 우리 주님께 계속 충성한다면, 절대 없어지지 않는 참된 부를 갖고 계신 주께서 우리의 충성심을 보고 그것을 우리에게 맡기실 것이다. 그런데 그것이 누구에게 주어지든 그 부야말로 정말 중요하다. 그 재물을 받기 전에 먼저 받을 만한 그릇을 만들어야 한다. 그런데 그 그릇은 주의 뜻을 경외함으로써 형성된다. 주의 뜻을 경외하는지를 아는 데는 돈의 시험만큼 좋은 방법은 없다.

그러므로 경건하고 도덕적이고 믿음이 좋은 사람이 되려면 돈의 시험에서 벗어날 생각은 말아야 한다. 현실적으로 하나님의 부는, 맘몬의 부 속에 있으면서도 하나님에 대한 충성심을 지키는 사람에게 위탁된다. 따라서 돈은 중요치 않다거나, 돈 문제를 취급하는 것은 그리스도인으로서 의젓하지 못하다거나, 물질적인 것은 아무것도 아니라고 생각하는 사람, 또는 자기 삶을 둘로 갈라 양쪽에 모두 충성하려는 사람, 이 두 부류 모두 하나님의 부를 받을 자격이 없다. 성서는 전자의 사람들에게 작은 일에 충성하지 못하면 큰일에도 충성하지 못한다고 말하고, 후자의 사람들에 대하여도 사람이 두 주인을 섬길 수 없다고 말한다.

청지기의 비유를 이상과 같이 설명하면 겉으로 보이는 모순을 해결할 수 있다. 부가 하나님께 속한 것이고 하나님께로부터 나오지만, 분명히 맘몬의 성격을 띤 '돈'은 사탄에 속하고 사탄에게서 나온다.

이 사실은 겉으로 보기에만 모순된다. 하나님이 우리에게 부에 대한 하나님의 주권, 하늘 예루살렘에서 등장할 주권을 우리 믿음을 향해 선포하실 때, 일면으로는 영원한 그러나 감추어진 실체를 말씀한 것이고 다른 면으로는 이 세상에서 그 주권을 인정하고 그것을 드러내고 이 세상의 부를 하나님과 연결해 행동할 것을 우리에게 요구한 것이다. 그러나 그러한 행동은 신앙 안에서만 가능하다.

반면에, 죄인 된 인간이 처한 타락한 물질적 현실 속에서 돈이란 실제로 반역적 권세고 사탄에 속한 유혹과 죽음의 권세다. 여기서 우리는 국가에서 볼 수 있는 것과 똑같은 외관상의 모순을 본다. 일면으로 권위는 하나님에게서 오는 것이지만 다른 면에서 국가는 구렁텅이에서 올라온 짐승이다.

이러한 모순은 종말론적인 관점, 그리고 이 세상에서 그리스도인에게 위탁한 행위를 이해할 때만 해결된다. 그 행위란 이 세상 속에서, 그리고 반역과 악의 수단들 한가운데서 하나님께 충성하는 행위를 말한다.

하나님에 대한 이러한 태도는 아주 중요하다. 왜냐하면, 하나님나라의 부를 위탁하느냐 아니냐구원이 아님가 결정적으로 거기에 따라 결정되기 때문이다. 사실 믿음 안에서 우리는 이미 하나님나라의 상속자며 그리스도와 공동 상속자다. 그러므로 하나님나라의 부는 이미 우리에게 위탁되었다고도 할 수 있다. 그러나 그 부를 제대로 이용하려면 그것만 가지고는 부족하다. 그래서 하나님은 관리하는 능력을 보고 그 부를 맡기신다.

3. 그리스도인의 선택

하나님께 충성하는 사람에게 요구되는 행실은 어떤 것인가? 사실 우리는 청지기의 비유에서 돈 문제에 대한 모든 태도의 원리를 찾아냈다. 곧 은혜의 세계와는 전혀 다르고 적대적인, 매매의 법칙이 지배하는 세계 속으로 은혜를 관통시켜야 한다는 것이다. 그러나 어떻게 그것을 수행한단 말인가? 또다시 성서는 이 점에 대해 율법으로 보아서는 안 된다는 것을 가르치고 있다.

먼저, 우리가 보는 대로 사람과 돈 사이에는 늘 경쟁 관계가 성립되는데, 이때는 돈의 권세에 맞서 사람을 먼저 택해야 한다. 돈의 권세는 사람을 파괴하려 한다. 우리가 처한 현실에서 사람과 돈에 대한 관계를 생각해 볼 때 이것이 사실임을 부인할 수 없다. 거기서도 돈은 우리로 하여금 우리 앞에 있는 사람의 이득보다 돈의 이득(우리는 그것을 우리의 이득과 동일시한다)을 먼저 택하도록 우리를 압박한다. 성서는 여기서 우리로 하여금 필연적인 선택을 하도록 한다. 이때 돈에 등을 돌리고 사람을 위하는 방향으로 나가야 한다.

바로 이 문제에 대해 성서는 상세하게 그 해결방식을 제시하고 있다. 그래서 우리는 그것에 대해 몇 가지 되새겨볼 필요가 있다. 성서는 우리가 돈을 빌려주었을 때 돈의 법칙을 따라 진짜 채권자 노릇을 하려고 하지 말라고 가르친다.[7] 가난하고 딱한 채무자에 대해서, 옛 계약법은 돈보다도 사람을 존중하라고 가르치고 있다. 이자를 붙이는 대부도 금지하고 있다. "네가 만일 너와 함께한 나의 백성 중 가난한 자에게 돈을 꾸이거든 너는 그에게 채주같이 하지 말며 변리를 받지 말 것이며"출22:25; 레25:25~38 참조 이자를 낸다는 것은, 빚진 사람이 돈 때문에 멸시와 천대를 받고 무시를 당한다는 대표적인 예다. 그런데 이 본문에서는 두 가지 점이 강조되고 있다.

첫째, 이스라엘 사람과 이방인 사이에 차이가 있다는 점이다. 성서는 같은 이스라엘 사람에게는 무이자로 돈을 빌려주도록 한데 반해 이방인에게는 이자 대부를 허락하고 있다. 신23:20 그러나 그것이 이방인들에 대한 멸

---

[7] 여기에 관련된 상황은 굉장한 채권자가 있었던 옛 현실과 일치된다. 그는 분명히 사회에서 활동했고, 채무자들은 더욱 더 많은 것을 그 채권자로부터 벌어 갔고, 그의 회사는 주주 수백 명으로 구성된 회사보다 뛰어났다.

시, 곧 그들은 인간이 아니고 이스라엘에 예속되어야 하기 때문에 마음대로 착취하고 억압할 수 있다는 뜻으로 보아서는 안 된다. 이는 서로 다른 두 가지 수준의 문명에 대해 말하는 것도 아니다. 거기에는 영적인 의미가 들어 있다. 사실상 이스라엘에 거주하는 외국인들은 억압의 대상이 되기 쉬운 사람들이긴 했지만, 그들은 똑같이 이스라엘 사람들로 취급된다. 착취할 수 있는 외국인은 멀리 있는 외국인들뿐이었다. 이것은 거리의 차이를 말한다. 이스라엘과 가까이 있는 자, 레25:35 함께 사는 자, 레25:36 하나님의 백성출22:25에게는 착취도 이자도 돈의 법칙이 통하지 않는다. 그런데 이처럼 거리의 가까움은 관계의 가까움을 함축하고 있음을 알 수 있다.

그러므로 본문이 우리에게 말하는 것은 이런 가까운 사이끼리는 돈의 법칙을 적용하지 말라는 것이다. 이것은 철저히 자신이 제삼자라는 태도를 버릴 것을 암시한다. 당사자가 객관적인 태도를 보이면 아무리 가까이 있더라도 역시 외국인이 된다. 그래서는 안 된다. 돈 관계를 부수적으로 만들어 가까운 거리를 구축해야 한다. 그래야, 사람이 그 모습 그대로 온전히 사람이 된다. 그것은 우리의 책임이다.

두 번째 요소는 레위기에서 찾아볼 수 있다. 하나님이 이스라엘 백성에게 이자를 받지 말라고 하신 본문 말씀은, 하나님이 이스라엘을 애굽에서 탈출시켜 가나안 땅을 준 사실을 상기시킴으로써 끝난다. 레25:38

이 회상은 하나님이 사람들 사이에 설정한 거저 줌의 관계의 선상에 있다. 하나님은 자기 백성에게 자유를 주었고 국가도 주었다. 그래서 그들은 은혜의 법이 지배하는 거저 줌의 세계로 들여 보내서 살게 하셨다. 하나님이 이스라엘에 이자를 따지는 돈의 법칙에 따르지 말고 은혜의 법에 따라 거저 줌을 실천하도록 요구한 것은 바로 이 은혜에 바탕을 둔 것이다. 이것은 예수께서 너희는 거저 받았으니 거저 주라고 하신 말씀과 정확하게 일치한다. 그러므로 레위기의 말씀과 예수께서 이 말씀을 하게 된 동기에는 연관성이 있음이 분명하다.

채권자는 무엇보다 사람의 생명을 중시해야 한다는 문구는 담보에 관한 법규에서도 발견할 수 있다. 옷을 담보로 잡지 말고 담보로 잡았더라도 해지기 전에 돌려주어야 하며 맷돌을 저당 잡아서는 안 된다출22:26, 신24:6~13는 등 담보문제에 관한 언급이 많이 있다. 이 말은 그 사람이 사는 데 필요한 것은 돌려주라는 말이다. 돈 관계로 인해 빚을 진 자라도 사는 데 필요한 물건들을 빼앗겨서는 안 된다. 채권자가 집 내부까지 침입하여 폭행하면 안 되므로 저당잡으려고 집안에 들어가는 것도 금지되어 있다. 한편, 성서는 저당을 잡기 위한 법은 모두 나쁘게 본다. 그것은 폭력과 두려움과 불신의 관계이기 때문이다. 우리에게 요청되는 관계는 신뢰의 관계며 불신은 사람을 파괴하는 관계다. 빚진 자의 삶을 짓밟고 두 사람과의 관계를 끊느니 차라리 돈을 떼이는 것이 낫다. 이러한 명령들은 돈과 사람 중에서 하나를 택할 것을 우리에게 끊임없이 상기시키고 있다. 둘을 조화시킬 수는 없다.

성서는 임금에 관해서도 이처럼 인간의 삶을 보호하는 태도를 취한다. 여기서 다시 한 번 우리는 돈 관계 앞에 선다. 임금을 주는 자는 그 돈의 힘으로 우월한 위치에 선다. 그는 고용된 사람의 노동력만을 좌지우지하는 것이 아니라, 성서가 간접적으로 말하는 대로, 그의 삶까지도 조종한다. 여기서 돈은 아주 주도면밀하게 사람을 지배하고 그를 파괴한다.

성서에는 임금에 관한 다음과 같은 본문이 있다. "곤궁하고 빈한한 품꾼은 너희 형제든지 네 땅 성문 안에 우거하는 객이든지 그를 학대하지 말며 그 품삯을 당일에 주고 해 진 후까지 미루지 말라 이는 그가 가난하므로 그 품삯을 간절히 바람이라" 신24:14, 15 "그 이웃을 고용하고 그 고가를 주지 아니하는 자에게 화 있을진저" 렘22:13 "보라 너희 밭에 추수한 품꾼에게 주지 아니한 삯이 소리 지르며" 약5:4 이러한 본문들은 먼저, 노동계약상 돈이 우월성을 갖게 되면 억압의 위협과 유혹이 있다는 것을 말하고 있다. 여기서 우리는 앞에서 제기한 가까움의 주제를 다시 발견한다. 노동자를 고용자가 아닌 이웃으로 여겨야 하며, 결과적으로 모든 사람을 잘못으로 몰아넣는 법적·경제적 노동계약은 무시해야 한다. 사실상 노동계약은 모든 노동자를 고용주에게 종속시키는 계약이지만 상황을 역전시켜 가까운 이웃관계, 인간적인 관계, 영적인 관계가 노동계약을 감싸도록 해야 한다. 그때 그 계약은 인간을 억압하는 것이 아니라 인간관계에 종속되고 친근감의 특성을 갖게 될 것이다.

다음으로, 이 본문이 말하는 바는 노동자에게 온전한 임금을 주어야 한다는 것이다. 곧 실제로 생산량에 맞는 임금을 줘야지 개인이든 국가든 주인에게 유리하도록 자의적으로 계약된 임금을 줘서는 안 된다. 그것은 이윤의 상실을 암시한다. 여기서 이 문제를 더 길게 논할 수는 없다. 이 문제는 성서에 아주 짧게 언급되어 있기 때문이다.

끝으로, 이 본문이 말하는 바는 임금지급을 질질 끌어서는 안 된다는 것이다. 그것은 여러 가지 모양으로 억압과 착취의 수단이 될 수 있다. 현물로 봉급을 지급하는 것이나, 협동조합의 상품과 정산을 하는 것 등도 지급을 지연하는 하나의 형태다. 사회법이 있기 때문에 이런 일이 프랑스에서는 일어나지 않는다고 할 수 있다. 부분적으로는 그 말이 옳다. 그러나 언제나 다시 일어날 수 있는 문제다.

그런데 우리가 살펴본 모든 구절을 통해 성서가 강력히 주장하는 바는 그것이 사회정의도 포함한 정의의 문제가 아니라, 생명의 문제라는 점이다. 그런 상황 속에서 주인은 맘몬이 자기 일꾼들의 생명을 잘라버리도록 할 것인지, 그렇게 하지 않을 것인지를 선택해야 한다. 이것이 주지 아니한 삶이 하나님께 소리를 지르고 있다고 하는 야고보서 5장 4절의 의미다. 이것은 창세기에 나오는 아벨의 이야기, 곧 땅속에서 하나님께 외쳐대는 아벨의 피 이야기와 같은 의미인데, 이는 결코 우연이 아니다.

　이러한 가르침을 따르지 않고 맘몬을 택하면 그에게 가혹한 형벌을 주는 이유도 그 때문이다. 예레미야, 말라기, 야고보는 그런 사람에게 내리는 저주, 이 땅 위에서 가장 혹독한 저주를 말하고 있다.

　돈의 세계 속으로 은혜의 법칙을 관통시켜야 하는 그리스도인들이 돈의 세계 속에서 가져야 할 신실성의 두 번째 모양은 그가 더는 돈을 사랑하지 않는다는 사실을 표현하는 것이다. 돈의 권세로부터 구원하는 하나님의 심판을 받아들였다면, 그리스도인은 자기의 영적인 변화가 내부에만 머물지 않고 외부로 표현되도록 하여야 한다. 정말 돈을 더는 사랑하지 않는다면 그는 새로운 상황을 구체화해야 한다.

　다시 한 번 성서로 돌아가서 살펴보자. 그러나 명심할 것은 성서는 예시적이고 모범적인 사실만 문제 삼는다는 점이다. 다시 말하면 여기서는 그리스도인의 자유가 창출할 수 있는 여러 형태 가운데 가장 대표적인 것을 살펴본다는 뜻이다. 또 다른 면으로는 자의적인 구원론을 펴지 않고 하나님이 주관하는 영적인 자유를 예시하는 데 만족한다는 뜻이다. 다음의 예들이 율법이나 의무조항이라고 생각해서는 안 되며, 그것들이 그 자체로 만족스럽다거나 정의를 완전히 표현하고 있다고 생각해서도 안 된다.

　성서가 제시하는 그리스도인의 첫 번째 자세는 저축행위에 대한 새로운 인식전환이다. 사람이 돈을 따로 챙길 때, 그리고 사람이 무엇을 확실히 해둘 때, 그런 행위가 무엇을 의미하는지를 생각해야 한다. 사실 확실히 해두려는 행위는 저축행위에 포함되어 있다. 이러한 행위는 미래를 보장받으려는 의지, 사고나 상황변화, 재산의 변화 등 앞으로 닥칠지 모를 일에 대해 스스로 안전을 마련하려는 의지의 표현이다. 자기의 노후생활을 보장받기 위해서거나 자녀양육을 위해 그렇게 하는데, 어떻든 그것은 미래를 보장받으려는 수단이다. 미래의 불확실성, 삶의 돌발 사고에 대비하여 재물을 예비해두어 불의의 사고에 대비하고자 하는 자세다. 그것이 저축의 역학구조다. 이것은 믿지 않는 자, 유물론자, 그리고 대부분의 사람에게는 아주 합당한 행위다. 그들은 미래에 대한 완전한 불확실성 속에서 살아갈 수 없다고 생각하는 것이다. 잠시 후면 삶이 통째로 날아갈지 모르며, 그걸 막을 만한 아무런 수단도 갖고 있지 않다고 생각하면서 살아갈 수는 없다. 그래서 돈을 저축하여 미래를 보장받으려는 것이다. 돈이 보장을 못 하면 어떻게든 국가의 보장이라도 받으려고 한다. 이 점에서 국가가 경영하는 사회주의도 자본을 축적하는 자본주의와 다른 바가 없다.

그러나 안정을 추구하기 위해 시작한 저축은 급속히 자율의지로 발전한다. 가진 자는 독립과 자유를 선언한다. 그러한 기반 위에서 그는 스스로 자기 삶을 구축하고 자기가 원하는 대로 삶을 끌고 간다. 결과적으로 저축은 그로 하여금 비기독교적인 경향을 강화하고 마침내 하나님 부재를 선언하게 한다. 이는 마치 부자가 "좋은 물건들을 많이 쌓아 두었으니 안심하고 먹고 마시고 즐기리라"고 한 것과 같다. 눅12:17~21; 딤전6:17~19

그러나 하나님에 대해 들은 사람, 아마도 하나님께서 자기에게 말하는 것을 들은 사람에게는 이러한 태도가 치명적인 것이 된다. 왜냐하면, 거기에는 하나님에 대한 불신이 내포되어 있기 때문이다. 그가 저축에 그만큼 신뢰를 두는 것은, 하나님은 우리 삶을 올바르게 인도할 능력이 없다든지, 또한 하나님은 우리에 대해 나쁜 의도가 있다는 생각에서 출발하는 것이다.

우리 삶을 인도하는 분이 하나님이라는 확신을 하고 있다면시139편 저축하는 것은 우리에 대한 하나님의 의지에 대항하는 것이다. 우리에 대한 하나님의 자유로운 조치, 그의 자유로운 은혜를 거스르는 행위다. 그렇게 함으로써 우리는 미래의 불확실성과 미결정을 피하려고 한다.8) 이 점에 대한 반대의견으로 신학이 제시하는 훌륭한 논의들이 있을 수 있다. 하나님은 인간의 삶을 인도하실 때 인간적인 수단들을 무시하지 않기 때문에 저축은 유용하다든가 하나님이 주는 것만 의지하는 것은 불가능하다는 논리와, 돈을 신뢰하지 않고 하나님만 신뢰하면서도 저축을 할 수 있다는 논리가 그것이다.

이런 제안들은 잘못된 근거를 제시한다고 생각한다. 우리가 말할 수 있는 것은, 하나님은 우리가 불확실한 미래에 대해 조심하는 것과 저축을 하는 것에도 '불구하고' 우리 삶을 인도하신다는 것이다. 분명히 하나님은 인간의 수단을 요구하신다. 그러나 우리는 하나님에 대한 불신을 뜻하는 수단들을 사용해서는 안 된다. 그것이 예언자들의 큰 교훈이다. 하나님이 이스라엘의 보호자시라면 이스라엘은 애굽이나 바빌론과 연합하여 자신을 스스로 보호하려고 해서는 안 된다. 그것은 배반이다.사30장; 36장; 렘42장 저축에 대한 말씀도 이와 똑같다. 한 사람이 하나님과 저축에 대해 취할 수 있는 태도는 하나님에 대한 전적인 신뢰냐 저축에 대한 전적인 신뢰냐를 택하는 것이다. 그러므로 미래의 확실한 어떤 것을 확보하면서 동시에 하나님을 신뢰할 수 있다고 주장하는 것은 하나님에 대한 불신을 궤변으로 변명하려는 것이다. 저축이란 우리의 미래를 보장해주는 기능을 하

---

8) 사실 저축을 하나 안하나 미래는 불확실하다. 다만 사람은 돈이 자기를 보호해줄 거라는 주관적인 확신을 갖고 있을 뿐이다.

는 것인데, 우리가 그것을 신뢰한다고 하면서도 저축에 기대를 거는 것은 모순이다. 실제로, 우리가 하나님에 대한 신뢰라고 부르는 것은 단순한 낱말이 아니므로 그것을 과감히 고백하지 않으면 우리는 쉽게 돈을 신뢰하게 된다.

그러나 모든 저축을 정죄하는 것은 물론 아니다. 선물을 한다거나 살 집을 마련하기 위한 구체적인 목적을 가지고 저축을 한다거나 또는 수입이 불규칙한 공장이라면 그 수입을 몇 년간 축적하고 나서 분할하는 것은 있을 수 있는 일이다. 내년에 씨를 뿌리기 위해 농부가 미리 은행에 돈을 예치해두거나 기업이 부족한 공간 때문에 불가피하게 하는 건물 투자는 있을 수 있다. 이런 것들은 자기나 자녀의 장래를 보장하기 위해 준비하는 저축이나 보험에서 제외된다.

어쨌든 저축은 인간의 매우 단순한 성향을 나타낸다. 저축을 함으로써 인간은 하나님을 불신하고 세상 것을 신뢰하게 되고 하나님과의 관계보다 돈과의 관계를 더 좋아하게 된다. 왜냐하면, 이 돈 관계란 이론의 여지없이 존재로부터 소유에로의 예속이기 때문이다. 그리하여 인간은 완전히 자기중심적이 되어 실제로 자기가 소유한 것 속에서 스스로 소외된다. 이것이 부르주아의 비인간화 현실이다.

그러므로 우리는 저축을 하지 말고, 거짓 안정을 신뢰하지 말아야 한다. 딤전6:17~19 물론 근본적으로 앞날에 대해서는 전혀 관심도 두지 말고 사치하고 방탕하라는 이야기는 아니다. 성서는 오히려 이런 태도를 죄라고 말하고 있다. 분별없고 본성적으로 사치해서 저축하지 않는 자는 성서에서뿐만 아니라 돈의 법치에 의해서도 결코 칭송받을 수 없다. 왜냐하면, 그에게는 앞으로 살펴볼 적극적 관점이 빠져 있기 때문이다.

성서가 제시하는 그리스도인의 두 번째 자세는 근심으로부터의 해방이다. 이 해방이 의미하는 바는 산상수훈으로 충분히 설명할 수 있다. 마 6:25~34 여기서 제시하는 문제는 돈에 내포된 영적 문제가 돈을 가진 사람들만의 문제가 아니라는 것이다.

맘몬은 돈을 갖지 않은 사람들도 공격한다. 돈의 권세는 부자들뿐만 아니라 가난한 자들도 강하게 억압한다. 즉 돈의 권세는 부자들에게는 저축을 통해, 가난한 자들에게는 욕구와 걱정, 근심을 통해 양편을 모두 억압한다. 결국, 돈의 권세는 인간의 탐욕을 이용하는 것이다.

따라서 성서의 교훈은 모든 사람에게 해당한다. 그런데 저축이 자신이 가진 것에 스스로 예속되는 것이라면, 걱정 역시 자기가 갖고 있지 않은 것에 대한 예속 즉 인간의 노예화다. 여기서 그리스도가 말씀하시는 것은 해방, 그러한 노예상태로부터의 해방이다.

한번 유의할 것은, 예수는 돈에 대해 걱정하는 것이 중요하지 않다거나 가지지 못한 자들의 물질주의를 비난하여 정신주의로 환원하려고 했던 것이 결코 아니라는 점이다. 예수는 걱정 없이 살아야 하기 때문에 걱정하는 것은 잘못된 것이라고 말하지도 않았다. 그렇다고 그는 현실도피를 말하지 않았으며 우리를 판단하지도 않는다. 그는 우리를 자유롭게 한다. 이 자유는 우리가 생각하는 자유와 전혀 다른 것이다. 예수만이 우리에게 줄 수 있는 이 해방에 대해 성서는 이중적인 근거를 제시하고 있다.

첫째, 하나님은 물질의 필요성을 알고 있다는 것을 '믿는' 것이 중요하다. 이것은 현실에 대한 구체적이고 물질적인 직시다. 그러나 그리스도인들은 그 현실에 대한 응답이 이방인들과는 달라야 한다. 물질의 필요성 앞에서 이방인들은 그것을 어떻게 충족시킬까를 스스로 걱정하지만, 그리스도인은 하나님께 의지한다. 왜냐하면, 하나님께서 지금 그 문제에 개입하고 계시기 때문이다. 물질문제도 하나님 손안에 있다. 그래서 예수는 우리가 우리 삶을 그 손에 맡기면 그가 우리를 궁핍하게 내버려두지 않는다고 다짐한다.

그러나 먹고살 것이 없는 사람들이 많은 것이 사실이다. 성서에 의하면 그것은 사람이 하나님을 의지하지 않았기 때문이거나 하나님이 사랑의 차원에서 그 사람에 대해 어떤 특별한 계획을 하고 있기 때문이다. 물론 이런 대답은 논란의 여지가 있는 것처럼 보이지만 그것이 사실상 합리적이고 유용하고 정직하고 유일한 해답이다. 하나님이 전능하신 분이라면 왜 가난의 문제를 해결하지 않느냐는 반론이 있을 수 있다. 그러나 이러한 비난은 죄의 본성을 가진 사람을 염두에 두지 않은 데서 나온 것이다. 사람은 끊임없이 악과 멸망의 길을 걷고 있으며 그는 늘 죄에 사로잡혀 있다. 그런데 성서가 우리에게 가르치는 바로는 하나님은 분명히 사람을 염두에 두고 계신다.

하나님을 거역하는 세상 속에서, 한 개인은 그가 행한 행위의 결과를 그대로 받게 된다. 이것은 한 개인의 공로가 다른 사람에게 전가된다는 교리나 개인주의 사상에 따라 그렇게 되는 것이 아니다. 그것은 특정한 한 인간이 자기 행위의 결과를 거두는 것이 아니라 개인과 개인의 거대한 결속 때문에 생기는 결과를 짊어지는 것을 의미한다. 궁핍한 사람들이 있는 이유는 다른 사람의 돈을 탐내는 사람이 있기 때문이다. 이러한 비극이 인간의 죄, 전체 인간이 죄인임을 나타내는 것이다. 경제적인 방법으로 인간의 궁핍을 해결할 수 있다고 믿는 믿음이 헛된 이유가 여기에 있다. 하나님의 사랑을 믿지 않는 한 이러한 인간상황에 변화가 오기를 기대할 수는 없다. 하나님을 믿는 것, 그것만이 억압과 불행의 사슬을 끊는 유일한 수단이다.

둘째로, 우리는 하나님나라와 그 의를 '먼저 구하여야' 한다. 나머지는 그 위에 덧붙여진 것이다. 이것은 우리 측의 선택과 결단을 촉구하는 것이다. 우리는 무엇을 먼저 하기로 한 것인가? 거기에 모든 문제가 있다. 우리는 우리 삶을 어디에 바칠 것인가? 우리가 먼저 하나님나라와 그 의를 구하는 것이 사실이라면 돈 문제는 본질적인 문제가 안 되며 우리는 다시는 그로 말미암아 걱정하지 않는다. 바로 이때, 가치는 참된 자기 위치를 찾고 돈은 우리 생활에 아무리 필요하다 해도 일차적인 가치가 되지 않는다. 이처럼 하나님나라에 초점을 맞추어 문제를 설정하는 것이 돈의 권세에서 해방되는 필수적인 요소다. 그러나 이 사실을 받아들이려면 하나님의 심판을 거쳐야 한다. 왜냐하면, 하나님의 심판을 생각할 때 하나님나라가 가장 소중하게 느껴지기 때문이다.

이런 식으로 해서 우리가 하나님의 선한 의지를 믿을 때, 하나님나라를 구할 때, 그래서 돈에 대한 걱정이 사라질 때, 그것이 우리 안에 역사하신 하나님이 승리하신 것이라고 고백하게 될 것이다.

그런데 돈 문제에 관심을 두지 말라는 것이 결코 태만이나 게으름을 의미하지는 않는다. 여기서도 역시 하나님이 주신 자유에 대해 인간이 죄의 열매로 응답해서는 안 된다. 새처럼 일도 안 하면서 하늘 양식을 기다릴 수는 없다. 우리는 새가 아니며 일정한 기능을 수행하고 일정한 책임을 지도록 하나님의 부름을 받은 사람이다. 우리는 생활을 꾸려가고 사회적 직무를 완수해야 한다. 다만, 돈 문제가 가장 우선적인 일이 아님을 알고 우리가 걱정하는 것에 대한 답을 하나님께 요구하면서 그렇게 하라는 말이다. 노동에 대해서 뿐 아니라 돈에 대해서도 자유로운 인간이 되는 것이 중요하다. 그런 태도를 보일 때, 우리는 하나님에 대한 신뢰를 말보다는 행동으로 나타내는 증인이 된다.

그런데 앞의 경우처럼 이 '신뢰의 문제'에 있어서 덕과 돈, 하나님과 맘몬을 겸할 수 있기를 바라서는 안 된다. 우리는 철저한 딜레마에 처해 있

3장. 하나님이냐 돈이냐 · 131

다. 우리가 할 수 있는 하나의 선택은 하나님으로부터만 돈을 받기로 하는 것인데, 이 경우 우리는 그 돈이 비록 노동한 대가로 받은 임금이라 할지라도 하나님의 선물임을 인정하는 것이다. 우리가 하나님으로부터 돈을 받는다면 그 돈을 벌려고 우리가 하는 일에 대해서 민감해야 한다. 그것이 하나님을 불명예스럽게 하지 않도록 해야 한다. 따라서 우리에게 필요한 것을 주시는 하나님의 명예의 관점에서 우리가 하는 일을 판단할 필요가 있다. 이 경우에 우리는 돈에서 떨어져 자유롭게 되고 동시에 걱정으로부터도 자유롭게 된다.

또 다른 선택은 다른 방법으로 돈을 버는 것이다. 즉 아예 터놓고 하나님을 외면하든지 아니면 대부분 그리스도인이 하듯이 적당한 타협점을 찾아 자신은 아무것에도 해를 끼치지 않고 일했기 때문에 하나님이 이 문제에 관심이 없으리라고 생각해버리는 것이다. 이 경우, 우리가 아무리 정직하고 양심적이라 해도 우리는 사탄에게서 돈을 받는다. 이때 우리는 어떻게 하든 돈을 모으려 한다. 실제로 그렇게 될 수도 있다. 오히려 앞의 경우보다 더 많은 돈을 모을 수도 있다. 이와 같은 태도는 우리의 노동뿐만 아니라 자유까지 대가로 지급하겠다는 의미다. 이 돈이 우리 걱정의 원인이다. 죽음을 향한 노예화의 범인이다.

마지막으로, 돈의 권세에 대한 그리스도인의 태도를 소위 세속화라는 낱말로 정의해볼 수 있다. 돈을 다른 권세와 함께 세속화한다는 것은 그에게서 성스러움을 제거한다는 것이다. 흔히 세속화하라고 하면 종교적 가치의 세속화를 생각하지만, 그 세속화가 사탄에게도 치명타를 입히는 것이 사실이다. 이때의 세속화는 신앙인이 행해야 할 의무다. 에베소서에서 말하는 믿음의 싸움이 바로 그것을 가리키고 바울이 그리스도께서 권세들을 쳐부수셨다고 말할 때도 같은 뜻으로 말했을 것이다.

따라서 이러한 세속화에서는 거룩한 특성을 없애고 '권세'의 요소를 부수는 것이 핵심이다. 돈이 세속화되면 물질적 수단이라는 단순한 역할만 인정받게 된다. 돈이 하나의 객체에 지나지 않을 때, 그것이 그 유혹의 힘과 거대한 가치와 초인간적인 규모를 잃게 될 때, 우리는 그것을 어떤 소도구나 기계처럼 다룰 수 있다. 물론 이때도 마음을 놓아서는 안 된다. 권세란 완전히 제거되는 법이 없으므로 늘 경각심을 가지고 주의해야 한다.

그런데 이 세속화는 일차적으로 영적인 싸움의 결과다. 그러나 이 영적인 투쟁은 구체적인 행위로 바뀌어야 한다. 그 행위는 돈을 세속화하는 행위, 돈의 법칙과 반대로 가는 행위이다. 그 행위에 의하면 돈은 노력해서 버는 것이 아니라, 거저 받는 행위다.

기득권자뿐만 아니라 일반인들도 증여거저 줌는 거룩성을 거스르는 것임을 안다. 그것은 그들이 흠모하는 가치를 세속화하고 파괴하는 것임을 안다. 어느 시대, 어느 세계를 막론하고 증여가 법률적인 관점에서 가장 의심받는 행위인 이유가 거기에 있다. 극도의 긴장과 의심으로 둘러싸인 법률행위, 그 효력발생을 위해서 가장 완벽한 조건이 요청되는 법률행위, 그것이 증여다. 일반인의 눈으로 볼 때 그것은 비정상적이고 상상할 수 없는 일이다. 그래서 사람들은 왜 증여를 하게 되었는지, 고백할 수 없는 비밀이나 부도덕한 측면 등을 그에게서 찾아내려 한다. 그리하여 정말 순수한 증여라고 생각되면 더 큰 문제가 발생한다. 왜냐하면, 그것은 정말 사람의 우상을 파괴하는 행위가 되기 때문이다.

성서적인 측면에서 볼 때 하나님에 대한 봉헌행위인 증여가 바로 이와 같은 것이다. 실제로 그것은 경쟁과 매매의 세상 속에 은혜(거저 줌)를 관통시킨 행위다. 그리스도인의 삶에서 돈은 주려는 것이라고 말하는 매우 명백한 구절이 있다. 특별히 만나와 관련하여 광야에서 주어진 율법을 근거로 하는 고린도후서 8장 14, 15절이 그것이다. "많이 거둔 사람도 남지 않고 적게 거둔 사람도 모자라지 않았다." 바울이 말한 이 평등의 법칙을 준수하게 되면 돈은 우리 필요를 만족하게 할 것이며 그 나머지는 분배될 것이다. 여기에는 저축의 여지가 없다. 돈을 모아야 한다면 그것은 "모든 착한 일을 넘치게 하기"고후9:8 위해서다. 우리가 정말 나누려고 일하고 돈을 번다면 우리를 사로잡을 수 있는 돈의 갈증이 해소될 것이다.

그런데 이 증여는 누구에게 하는가? 성서에서는 십일조를 제외하고는 교회에의 증여에 대한 실제적인 언급이 없다.9) 오히려 계속해서 하나님과 사람에 대한 증여를 말하고 있다. 따라서 그리스도인이 돈 문제를 생각할 때, 우선 교회적인 문제로 생각할 필요가 없다.

하나님께 돈을 드리는 것은 훌륭하게 세속화하는 행위다. 적대적인 권세와 소유였던 것이 그에게서 나와 진짜 소유주인 하나님께 돌려진다.신 26:1~11 이 행위는 영적인 행위임이 틀림없고 따라서 사회적 관점과는 관련이 없다. 그리하여 대단히 '사회적' 인 개신교에서는 이 하나님에의 증여가 대단히 높은 신앙의 표현임에도 불구하고 그 의미를 대체로 상실했다. 우리보다는 신실한 가톨릭 신자가 훨씬 많이 그 점을 보존하고 있다.

중세에 특히 많이 행했던 이 증여 곧 하나님의 영광을 위한 증여는 진리에 속하는 것이다. 그래서 교회가 그 증여를 이용하여 치부를 했다는 것이나 교회행정상의 잘못을 지적하는 것은 그리 중요하지 않으며 본래의 증여가 가지는 의로운 의미를 바꾸지 못한다. 우리로서는 '상실된' 그 의미를 다시 찾는 것이 중요하다. 이를 위해 요한복음에 나오는, 향유를 붓는 마

---

9) 이것이 교회 속에서 돈 문제에 대해 여기서 언급하지 않는 이유의 하나다. 그러나 그 문제를 다루지 않는 가장 큰 이유는 루스(H. Roux)의 기막힌 저서 『교회공동체와 돈』 *L'argent dans l'Eglise*(대장간, 2009)에 그 고찰을 미뤄도 좋을 것 같아서이다. 나로서는 거기에 덧붙일 것이 없다.

리아의 이야기를 명심할 필요가 있다. 이 증여에 반대한 자가 유다다. 그는 증여가 선한 사업이나 가난한 이들을 위해 쓰이는 게 유익하다고 생각했다. 그러나 하나님께 드리는 증여는 무익한 것을 유용하게 한다. 그것이 현실 세계 속에서, 신앙을 나타내는 구체적인 증거다. 요12:1 이하

그러나 사람에게 증여할 때도 역시 돈은 비非신성화된다. 한편으로는 사랑의 표시며 다른 편으로는 영적 행위인 이 증여의 필요성을 여기서 새삼 강조하지 않겠다. 그것은 사람이 하나님을 영화롭게 하는 행위며, 다른 사람에게 은혜를 선포하는 행위다. 이것이 특별히 이사야 58장 6, 7절에 있는 증여의 의미다. 여기서 성서는 금식을 대신해서 증여를 하나님에 대한 참된 찬양이라고 여기며 증여에 거의 제의祭儀적인 의미를 부여하고 있다. 사실, 금식에 증여를 대치시킨 것은 우연이 아니다. 회개의 표시로서의 금식도 중요하지만, 은혜와 해방의 표시로서의 증여 역시 중요한 것이다.

사람들 사이에서 증여가 미치는 힘은 말할 수 없이 크다. 증여는 돈의 권세를 쳐부술 뿐만 아니라, 불의한 청지기의 비유에서처럼 그 증여를 받은 사람으로 하여금 은혜의 세계에 들어가게 한다. 증여는 매매와 부패의 악순환을 끊을 수 있는 중요한 수단이다.

증여는 진짜 증여라야 한다. 그것이 동냥으로 퇴락하면 안 된다. 동냥은 맘몬에 의한 증여의 왜곡이다. 그것은 증여받는 사람을 얽어매고 그를 모욕하여 전보다 더 나쁜 상태로 만든다. 동냥이란 돈 관계지 사랑의 관계가 아니므로 그렇게 된다. 동냥은 자기를 주는 것이 아니라 자기를 세우는 행위며 자기의 의와 자기만족을 추구하는 행위다. 또 한 가지 짚고 넘어가야 할 점은 성서는 증여를 받을 만한 사람과 그렇지 않은 사람을 구분하고 있지 않다는 사실이다. 성서는 그것을 요구하는 사람, 그것이 절실한 사람에 대해서만 말하고 있다. 그래서 우리는 그가 자기 과실로 궁핍한지 이유

없이 궁핍해졌는지, 또는 그가 우리 증여를 받을 만한지, 그렇지 않은지 따져서는 안 된다. 이렇게 따지는 것은 맘몬의 짓으로, 역시 증여를 편협한 동냥으로 만드는 행위다.

이러한 증여는 익명일 수 없으며 의무일 수도 없다. 그것은 개인의 삶과 밀접하게 연결된 것이다. 그것은 돈을 모르는 사람의 행위가 아니라 돈이 얼마나 귀한지, 돈이 얼마나 자기를 파괴하고 자기를 사로잡을 수 있는지 아는 사람의 행위다. 증여를 하는 것은 돈의 권세를 아는 행위지 모르고 하는 행위가 아니다. 그래서 돈의 증여는 바로 자기 자신의 증여를 의미한다. 이것은 고린도후서에서 명확히 언급되어 있다. 구제와 증여에 대해 8장 5절에는 다음과 같이 언급하고 있다.

"우리의 바라던 것뿐 아니라 저희가 먼저 자신을 주께 드리고 또 하나님을 좇아 우리에게 주었도다." 이 본문은 우리가 증여할 때 우리의 삶 전체를 줄 것을 완곡히 표현하고 있다. 사실, 우리의 삶이 주 예수 그리스도에게 속해 있을 때만 우리는 돈의 신성을 제거하고 남에게 줄 수 있다.

우리는 이 사실을 깊이 생각하여야 한다. 그리고 매 일요일 헌금시간에 그걸 되새겨야 한다. 헌금은 교회를 운영하기 위한 행위일 수 없다. 특히 개신교도는 그렇게 생각할 위험이 있으나 증여의 행위인 헌금은 세상을 비신격화하고, 주님에 대한 우리의 헌신을 보이는 행위 외에 다른 것이 아니다.

그러나 개인적인 헌신의 결과, 우리의 모든 재물을 내주어야 하지 않느냐는 물음이 생길 수 있다. 부자 청년의 경우를 보자. 그에게 예수는 "가서 네가 가진 모든 것을 팔아 가난한 사람들에게 주고, 그리고 와서 나를 따르리"고 말했다. 이 말을 듣는 사람은, 성서가 완전한 사람에게 주는 계명과 그렇지 않은 사람에게 주는 계명을 구분하고 있다고 여겨, 이 명령을 교묘하게 피하려고 해서는 안 된다. 오히려 그 계명을 그대로, 그 단호함과 절대성을 그대로 직시해야 한다. 그러나 이 명령이 아주 예외적이며, 신구약성서 어디서도 쉽게 볼 수 없으리라는 점 또한 사실이다. 따라서 우리는 이 계명을 항상 존재하는 가능성, 피할 수 없는 요구로 받아들여야 한다. 다만, 그것은 예외적으로 특별히 그렇게 하도록 부름을 받은 사람의 삶 속에서만 실현되는 것이다.

이러한 행위는 특별한 소명에서 오는 것이며 따라서 그 소명을 받았을 때만 실현 가능해진다. 그것은 그리스도인의 '필요불가결한' 정황이 아니다. 다만, 그리스도인 각자는 그러한 소명을 받을 가능성에 늘 유의하고 있어야 한다. 우리 삶의 어떤 순간이든 이러한 요구가 불쑥 나타날 수 있으며, 가진 돈을 모두 주라는 소명이 우리에게 떨어질 수 있다. 그러므로 자기의 생활철학대로 한다고 아예 그런 소명에서 벗어나 있을 수도 없고, 또는 어떤 신학을 통해 그리스도인이 이런 어려운 돈 문제에 대해 취하여야 할 어떤 균형점이나 적절한 긴장점을 찾을 수도 없다. 무엇보다 주의할 것은 공식화된 부름은 있을 수 없다는 점이다. 어떤 경우에도 이러한 부름이 당사자에게 근심거리가 되어서는 안 된다. 그러므로 우리는 자원하는 마음으로 드려야지 이방인과 같은 또는 구약 성서에서 말하는 의미의 희생을 하나님께 드려서는 안 된다.

이 총체적인 증여를 통해서 우리가 용서를 받거나 하나님의 시선을 끈다는 생각은 버려야 한다. 이 증여는 우리의 사랑 표현이며, 우리 자신이 누구인지 안다는 표현이고 그것이 자유와 기쁨의 행위라는 사실의 표현일 뿐이다. 증여를 통해 큰 슬픔과 아쉬움과 애통함을 느낀다면 안주는 게 낫다. 그러나 그것이 의미하는 바가 무엇인지는 알아야 한다. 그것은 우리가 아직 맘몬의 권세 하에 있으며, 우리가 하나님보다 돈을 더 사랑하고, 용서와 은혜를 붙들지 못했음을 의미한다. 근심하며 떠나간마19:22 부자 청년

이야기의 끝 부분이 의미하는 바가 바로 그것이다. 그가 근심한 이유는 실천할 수 없는 명령을 받아서가 아니라, 자기가 하나님의 은혜에서 멀리 있음을 느꼈기 때문이다. 누군가가 하는 이 증여행위는 모든 사람에 대한 하나의 부름이요, 언약이 된다. 동시에 우리가 스스로 하지 못한 것에 대한 심판도 된다.

그리하여 증여는 그 기쁨과 자유에서 총체적이고 광범위할 수 있다. 그러나 율법주의나 고통이 되어서는 안 된다. 그렇게 되면 하지 말아야 한다. 다시 말해서 증여는 교회의 규범이나 사회제도의 산물이어서는 안 된다. 그것은 개인에게 속한 문제며 모든 그리스도인에게 단체로 적용할 행위규범이 아니다. 그러므로 증여는 돈에 대한 어떤 경제체계가 아니며, 사회 안정을 해치는 것도 아니다. 총체적이고, 동시에 예외적인 이 증여는 세상 속에서 신앙을 나타내는 하나의 징표요, 예언자적 행위로 남아 있다.

증여가 징표인 것은, 하나님의 보이지 않는 은혜를 눈에 보이는 방식으로 표현하기 때문이다. 즉 그것은 하나님이 인간에게 하는 총체적인 증여를 증명하는 것이다.

증여는 또 예언자적 행위다. 왜냐하면, 증여행위 자체가 마지막 때를 알리기 때문이다. 하나님께 드리는 총체적 봉헌으로서의 증여는 하나님나라의 더 크고 최종적인 현실을 알림으로써 우리 한가운데서 하나님나라의 구성 요소가 된다. 하나님나라의 요소가 된다는 것은, 증여행위가 하나님의 은혜를 위해서는 모든 것을 포기할 만하다는 것을 의미하고 있기 때문이다. 그러나 이 포기는 세상 것을 그들 마음대로 흘러가도록 내버려둔다거나, 돈을 맘몬에 맡긴다는 뜻은 아니다. 이와는 정반대로 모든 것을 하나님의 손에 맡기는 것이다. 하나님께 모든 것을 되돌려 드릴 때야말로 돈이 최후의 운명을 맞게 되는 때다. 거기서는 돈의 권세가 그리스도에 복종

한다. 그것이 신약과 구약에 선포된 마지막 날 이루어질 약속의 한 부분이다.

구약과 신약의 본문이 정확히 일치되는 책이 학개서와 요한계시록이다. 거기에는 새 나라가 임할 때 돈과 부가 하나님의 손으로 되돌아간다는 말이 나온다. 모든 백성이 자기가 귀하게 여기던 것을 바치고자 하늘 예루살렘으로 몰려든다. 학2:7; 제21장 그때에 하나님은 "돈은 내 것이다"라고 선언하신다. 이런 견해는 종말론적 관점에서 보아야만 이해할 수 있다. 그렇게 선언하는 분이 학개서에서는 '만군의 여호와'라고 되어 있는 것도 우연이 아니다. 이는 '모든 권세의 왕'이라는 뜻인데, 맘몬을 비롯한 모든 권세가 마지막 날에 하나님께 복종하라는 뜻이다. 돈이 하나님께 되돌아가는 것도 이런 반역적인 권세들이 하나님께 예속된다는 징표 가운데 하나이다.

이 마지막 때에 모든 권세는 돈의 권세와 함께 그 역사가 마감되어 자기의 위치로 되돌아간다. 우리는 완전한 증여를 함으로써 이 마지막 때에 참여하도록 부름 받는다. 우리가 이 땅에서 하나님의 영광을 드러내려고 선포하는 것 역시 그 온전한 증여다. 곧 거기, 종말선상에서 우리는 삶의 의미를 다시 한 번 발견하게 된다.

4장.
돈에 대한 교육

> 기독교는 우리를
> 악의 유혹이 없는 이상세계로
> 해방하는 종교가 아니라,
> 성령의 능력으로 무장시켜
> 악의 유혹을 물리치게 하는 종교며
> 악의 세계에 하나님나라를
> 건설하는 종교다.

4장, 돈에 대한 교육

1. 돈의 유혹으로부터 단련하는 교육

아동교육에서 돈 문제는 매우 중요한 것임에도 불구하고, 이 문제에 대한 교육은 매우 소홀히 취급되고 있는 것 같다. 어린아이가 학교에 갈 무렵이면 벌써 돈 문제에 부딪힌다. 어린아이는 아직 돈의 의미는 모르지만, 그 유용성과 위력은 빨리 감지한다. 아직 돈을 소유해야겠다는 생각은 하지 못하지만, 그 사용법에 대해서는 이미 감을 잡는다. 그리고 부모의 태도로부터 돈의 중요성을 배우게 된다. 아이들이 친구들과 무엇을 교환하고 다른 아이의 돈을 빼앗는(아이가 아직 소유를 모르기 때문에 이것은 도둑질은 아니다) 등의 행위에서 우리는 교육상 어려움에 봉착한다. 그런데 이것이 교육의 첫째 요인이 될 수 있다.

만약 이런 문제들을 해결하기 위하여 성서를 읽는다면, 우리는 실망하고 말 것이다. 왜냐하면, 거기에는 부모나 어린 아이들이 돈에 대해 어떠한 태도를 보여야 하는지에 대한 구체적인 언급이 없기 때문이다. 성서는 이 부분에 대해 매우 제한적으로 다루고 있는데, 돈의 본질과 관련된 계시나, 기독교 현실주의가 갖는 일반적인 위치에 대한 말씀이 그것이다.

후자에서 알 수 있는 것은 기독교는 사람에게 철저한 현실주의를 요구한다는 점이다. 이것은 철학적 견해나 현실주의에 대한 일반적인 학설을 말하는 것이 아니라, 우리가 있는 그대로 받아들여야 할 현실에 대한 통찰력을 말한다. 그러므로 우리는 먼저 기독교 신앙에 들어맞는다고 믿었던 모든 환상이나 덕스런 감정과 함께 통속적 형태 속에의 관념주의를 거부해야 한다. 이런 잘못된 관념주의로 말미암아 사랑과 정의의 하나님을 사랑의 하나님으로만 생각하게 되었고, 크리스마스는 아이들의 축제로 바뀌었으며, 진취적인 신앙이 주일학교와 성가대에 대한 추억에만 머무는 신앙으로 변모되었다. 이런 것들은 기독교적이 아니다. 또 교회는 험한 세상으로부터의 도피처가 아니다. 사실과 행위의 세계에 대해 관념과 자치의 세계를 우위에 두는 철학적 관념론 역시 배척해야 한다. 결국, 기독교는 불멸이나 육에 대한 영혼의 우위를 배제하며, 모든 종교 가치와 함께 전통적인 정신주의 역시 배제한다.

이와 같은 왜곡에 직면하여, 하나님의 계시는 철저하게 현실주의적이다. 그것은 계시되는 대로의 현실을 보도록 우리에게 요구한다. 이 세상을 비추는 하나님의 계시는 매우 엄격하다. 하나님의 계시에 의하면 우리가 사는 현실은 타락했으며 본성적으로 하나님으로부터 매우 멀어져 있다는 것이다. 부패와 사탄의 지배와 죄가 만연한 것이 현실이다. 우리가 사는 자연세계 어디를 둘러보더라도 이 사실을 알 수 있다. 자연세계 그 자체가 가장 이상적인 세계이며 타당하다고 말하는 것은 계시를 부인하는 것이다.

그러나 이와 같은 생각이 비관주의는 아니다. 왜냐하면, 이 계시는, 하나님은 현실을 포기하지 않았으며, 계속 현실 속에 계셔서 그것을 변화시키기 위해 애쓰시며, 그 현실 속에 하나님의 나라가 숨어 있음을 가르쳐주기 때문이다.

그러므로 악의 현실을 확고부동한 것으로 굳히는 비관주의란 없다. 왜냐하면, 우리는 하나님이 우리의 주님이 되심을 알고 있으며, 이러한 믿음에서 우리는 현실을 있는 그대로 볼 용기를 가지기 때문이다. 이것을 믿을 때 우리는 환상에 빠져들지 않을 수 있다. 동시에 현실을 바라보지 않는 것, 현실을 관념주의나 정신주의로 가리는 것, 그것은 하나님 말씀을 배신하는 것이며 하나님이 주님이심을 부인하는 것이다.

사실과 행위를 두려워하지 않는 이런 현실주의적인 태도에서 교육방법을 추론할 수 있다. 아이에게는 현실을 숨기거나 이상화해서는 안 되며 거짓과 환상을 주어서도 안 된다. 다만, 아이의 능력을 참작해서 그가 소화할 수 있고 이해할 수 있는 것을 가르쳐주어야 한다. 그러므로 아이의 신앙이 성장하는 정도에 맞추어서 그를 현실과 접촉시켜야 한다. 그렇지 않으면 아이가 소화할 수 없는 악의 무게가 그 아이를 누를 것이며, 그 아이는 그런 현실에 대항할 소망을 잃게 된다. 그러므로 돈 문제를 아동 교육에 적용시킬 때는 현실주의가 가져올 결과에 유의하면서 교육해야 한다.

이 현실주의는 제일 먼저 돈을 있는 그대로, 더 정확히 말하면 성서가 돈의 현실에 대해 말하는 그대로 보라고 요구한다. 그런데 성서가 말하는 돈의 현실은 세상을 자세하게 관찰했을 때 나오는 결과와 정확하게 일치함을 곧 알게 된다. 이것은 돈이 어떠한 권세를 가졌으며 그것이 어떻게 왜곡되어 있는지를 아이들에게 가르쳐주어야 함을 의미한다. 아이들로 하여금 환상 속에서 살게 해서는 안 되며, 생각이 없이 아이에게 돈을 주어서도 안 되고, 아이를 돈의 세계에서 완전히 단절시켜서도 안 된다. 많은 그리스도인은 아이들에게 속되고 천한 것을 가르쳐줄 필요가 없다고 생각하여 돈 문제를 가르치려고 하지 않는다. 그러나 그렇게 되면 아이들은 자연히 세상으로부터 돈 문제를 배우게 된다. 부모의 결백에 의하여 돈의 세계와 단절된 생활을 한 아이들은 돈 문제에 부딪힐 기회도 없이 자랐기 때문에 완전히 무방비 상태에 놓인 자라 할 수 있다. 따라서 부모의 결백이 아이들에게는 걸림돌이 되고, 부모의 순결로 아이들은 쉽게 마귀에 사로잡히는 결과를 낳고 만다.

그러므로 아이들에게 단계적으로 돈의 필요성과 거기에 수반되는 악을 동시에 가르쳐주어야 한다. 그러면 아이들은 돈의 필요성과 돈을 벌려면 얼마나 노력해야 하며, 돈 없이는 살 수 없다는 사실 등을 쉽게 이해할 것이며 빨리 거기에 익숙해질 것이다. 반면에, 돈에 대한 교육을 단계적으로 받는 아이는 돈이 수반하는 악을 많이 줄일 수 있다. 성서가 우리에게 가르쳐주는 사실들, 곧 돈은 원래 악한 것이며 돈은 좋게 사용할 수 없고 돈은 사회와 사람들 속에 악을 심고 개인의 내면에도 돈에 대한 욕구 때문에 시기와 증오와 살인이 발생한다고 하는 성서구절들은 교육하기가 매우 어려운 문제다. 이런 논리는 있을 수 있으며 아이들이 읽을 책과 이야기의 많은 부분이 그런 방향으로 논리를 전개하는 것이 사실이다. 그러나 그것은 명약관화한 명령은 아니다. 따라서 그런 말을 가르치려면 말씀 자체보다 구체적 사실들에 의존하는 것이 낫다. 아이들은 부모들의 행동을 보고 배우는 것이 사실이지만 사회 전반에서 일어나는 모든 상황도 아이들에게 교육의 자료로서 가르쳐야 한다. 서로 많이 소유하려는 경쟁심, 사회적 불평등, 도둑질과 파업 등 사회 전반에서 일어나는 사실들을 잘 설명해주면 아이들은 돈의 현실과 동시에 돈의 위험도 알게 된다. 사람들이 돈을 얻으려면 어느 정도까지 희생할 수 있는지를 가르쳐주되, 돈에 대한 환상을 버리고 돈을 신뢰하지 않도록 가르쳐야 한다. 한편, 이런 실험연구가 돈을 사용하는 측면에서도 이루어져야 아이들은 구체적으로 높은 수준에까지 돈이 무엇인지를 배우게 될 것이다. 첫 단계부터 직접적인 경험이 되게 하고, 실제로 간단한 매매를 체험하게 함으로써 아이 나름대로 돈의 실체를 깨닫게 하는 것이 좋으리라고 생각한다.

그중에서 가장 나쁜 교육방법은 놀이를 통한 교육이라고 본다. 예를 들어 아이가 복잡한 회계 관리를 하는 놀이 등을 통해 돈을 알게 하는 것 말이다. 아이도 현실 세계에 있기 때문에 아이 나름대로 현실을 알아야 한다. 돈은 장난감이 아니다. 돈은 즉각적으로 아이에게 윤리의 문제를 제기한다. 그러나 돈이 가져오는 악에 관한 교육은 두 가지 위험에 떨어질 가능성이 있다. 돈에 대한 도덕주의와 부정주의가 그것이다. 이 두 가지는 모두 위험스러운 것이기 때문에 배제되어야 한다. 아이에게 두 가지 태도 중 하나를 선택하게 해놓고 부모가 계속해서 좋은 쪽을 택하라고 권유할 때 빠지기 쉬운 것이 도덕주의다. 그것은 사회적으로는 나쁘지 않으나 그리스도 안에서의 삶과는 맞지 않다. 아이는 한번 그런 습관에 길들면 자동으로 그런 태도를 보이려 하고 부모는 계속 그런 습관을 갖도록 길들이려 한다. 이와 같은 도덕주의를 배제하려면 아이에게 자유를 주어야 한다. 아이로 하여금 자기 행실을 선택하게 하고, 자기가 보고 들은 바에 따라 스스로 결정하도록 해야 한다. 돈의 사용에 대한 결정, 친구와의 돈 관계에 대한 결정 등을 스스로 하게 하라는 말이다. 그리고 나중에 자기 행동을 반성해 보도록 유도하는 것이 좋다. 아이가 잘못했다가 곧이어 반성하는 것이 아이를 기계화하는 것보다 낫다. 부모의 강요에 의하여 하는 행동은, 그것이 아무리 옳은 행동이라 해도, 그 아이의 인격의 열매는 아니다. 물론 부모로서는 아이를 실수하도록 내버려둔다는 것이 지극히 어려운 일임은 분명하나 부모로서 꼭 극복하여야 하는 문제다.

또 다른 위험은 아이가 돈이 나쁘다는 생각을 하게 되면 그는 돈에 대해 부정적인 경향을 지니게 된다. 아이는 순결한 행동만 취하려 하고 결국, 그것이 좋지 않게 발전하여 사람들은 그를 피하게 된다. 그의 판단은 흑백논리가 된다. 그런데 이 부정적 태도는 어떤 관점에서 보든지 잘못이다. 왜냐하면, 그것은 바람직한 것의 반대방향으로 치달을 것이고 정신주의 또는 돈에 대한 무지에 빠질 것이기 때문이다. 부정주의는 계속 발전하여 다른 태도, 다른 판단을 취하여 결국은 하나의 행동양식이 될 것이다. 어느 하나에 대해 부정적이 되면 그것은 인격의 다른 부분에까지 전염된다. 이처럼 실천적인 삶에 대해 수동적 자세를 갖거나, 부정주의의 결과로서 어느 한 쪽이 파괴된 인격이 형성되면 그 교육은 실패하고 만다. 그러나 부정주의를 피하려고 긍정주의로 빠져서도 안 된다. 긍정주의는 현 교육학의 주류를 이루는 것으로, 인간 본성의 선함, 인간의 생각과 행동의 합리성, 그리고 사회정의에 기초한 대단한 낙관주의다. 그러나 이것 역시 하나님 보시기에는 궤변 중의 하나다.

딱 하나, 좋은 방식은 변증법적 방식인데 이것은 굉장히 실천하기 어려운 교육이다. 이것은 아이로 하여금 흑백논리와 일방적인 태도를 버리도록 가르치고 있기 때문이다. 돈의 분야에서 변증법적 교육학이라고 부를 수 있을 만한 예를 들어보자.

첫째, 아이는 다음 사실을 알아야 한다. 그 돈은 존경할 대상이 아니며 애정을 바칠 필요가 없다. 부자들이 다른 사람보다 우월하지 않다. 그렇다고 돈을 무시해서는 안 된다. 예를 들어 아버지가 그에게 주는 돈은 아버지가 일한 대가며, 그렇게 돈을 주는 것은 사랑의 표시일 수 있다.

둘째, 아이는 다음 사실을 알아야 한다. 즉 돈은 필요하다. 그렇다고 그 때문에 돈이 선한 것으로 생각해서는 안 되며 오히려 돈은 많은 악을 내포하고 있다. 그렇지만, 그것이 무용하다고 생각해서는 안 된다. 다시 말하면 '유용'과 '선함'의 개념을 구별해야 한다. 현대인은 이 둘을 구별할 줄 모른다.

셋째, 아이에게 돈이 나쁘다는 것을 가르칠 때 어느 한 면만을 보여주는 경우가 대부분이다. 예를 들어 마음이 굳은 자가 돈을 가지면 해가 된다느니, 도둑질을 해서라도 돈을 갖고 싶어하는 사람에겐 돈이 해가 된다느니 하는 이야기 말이다. 그런데 정말 가르쳐야 할 것은 돈은 그것을 가진 자에게나 가지고 있지 않은 자에게나 모두 해가 된다는 점이다. 정말 가르쳐야 할 것은 우리가 얼마를 갖고 있고 어떤 상황에 있든지, 돈은 우리를 가만히 내버려두지 않는다는 점이다. 어떻든 돈은 사람들의 관계를 부패시킨다. 그러므로 인간관계에 미치는 돈의 효력을 불신하도록 아이에게 가르쳐야 한다.

이러한 사실로부터 기독교의 교육학은 '위험의 교육학'이라는 지배적인 사상을 다시 한 번 발견하게 된다. 즉 기독교의 교육학은 젊은이들을 세상 위험으로부터 도피시키는 것이 아니라, 그들을 무장시켜 세상 위험을 극복하게 하는 것이다. 그들을 율법주의와 도덕주의로 무장시키는 것이 아니고 자유의 힘으로 무장시키는 것이다. 자기들 힘으로 싸우도록 하지 않고 성령에 의지하여 싸우도록 가르치는 것이다. 부모는 아이들이 위험 앞에 놓이는 현실을 인정해야 한다. 세상에 위험이 없다면 그리스도 안에서의 교육이란 존재할 수 없음을 알아야 한다. 위험이 없는 기독교 교육은 아무 가치가 없는 교육이며, 상상에 지나지 않는 교육일 뿐이며, 그런 교육은 아이들이 구체적인 삶을 대할 때 아무런 도움도 주지 못하는 교육이다.

2. 돈의 권세로부터 해방하는 교육

환상을 가져서는 안 된다. 돈을 사용하는 어린 아이는 그 돈에 사로잡히기 십상이다. 그것이 위험이다. 아이는 많은 물건을 살 수 있는 것이 더 좋다는 것을 알고, 자기 가족이 부유하면 그렇지 못한 친구들을 놀리는 일에 재미를 붙이게 된다. 그때 가난한 집 아이들은 야욕과 원한을 품게 된다. 비싼 차를 더 좋아하게 되는 것은 지극히 당연한 일이고, 그것을 갖지 못한 아이들은 자기 부모를 경멸하게 된다. 그 밖에 다른 감정과 충격이 많이 있을 수 있는데, 이런 사실들이 아이가 돈에 사로잡혔음을 나타내는 징표들이다. 아이들이 자라는 동안 부모들이 아무리 신중하다 해도 그런 상황을 피할 수는 없다. 단지 하나의 해결책은 아이의 자발성을 파괴하고, 아이의 행동을 철저히 억제함으로써 율법주의나 도덕주의에 빠뜨리는 것뿐이다. 그러나 우리가 앞에서 돈에 대해 한 말이 사실이라면, 이 해결책은 그것이 아무리 믿을 만하고 그럴 듯하고 심리적이고 신중하다 해도 돈의 권세에 제동을 걸어 아이를 사로잡힘에서 해방하기에는 충분치 않은 교육방법이다.

그러므로 다른 차원의 교육방법이 요구된다. 즉 영적 차원의 교육방법이 요구된다는 말이다.

그렇다면, 교육방법의 문제가 제기됨과 동시에 사로잡힘에서 해방하는 싸움은 다른 차원으로 옮겨간다. 그런데 그 교육방법이 효과를 발휘하려면 아이를 사로잡힘에서 해방하기 위한 싸움보다 그것이 더 중요하게 여겨져서는 안 된다. 아이를 계속 위험에 드러내는 것이 교육의 역할이라면 동시에 그 위험으로부터 영적인 무장, 즉 기도를 통해 아이를 보호하고 구원하는 것 역시 교육의 역할이라고 할 수 있다. 돈에 대한 올바른 자세를 가르치는 교육이 제구실하려면 아이를 위한 부모의 기도를 강조하지 않을 수 없다. 이 기도는 하나님이 참으로 삶의 인도자이며, 하나님만이 돈을 지배할 능력과 아이를 사로잡힘에서 해방할 능력을 갖추고 있음을 인정하는 기도라야 한다. 그러므로 이 기도는, 어떤 마술이나 인간이 주도하는 수단을 의미하는 것이 아니다. 그러므로 부모는 기도에 대한 응답으로 은혜 속에서 표현되는 하나님의 자유에 의하여 교육해야 한다. 앞으로 우리가 말하는 것은 어떤 순간에도 기도가 무시되지 않는 경우에만 해당한다. 인간을 사로잡힘에서 해방하는 모든 행위에 우선되는 것이 바로 이 기도다.

그다음 중요한 것은 부모가 자녀에게 모범이 되는 것이다.

부모가 돈 문제에서 해방되었다면 그 부모 밑에서 자란 아이는 돈을 중요하게 생각지 않는다. 그러나 부모의 중심적인 관심사가 언제나 돈 문제에 집중되어 있다면 그 부모 밑에서 자란 아이는 돈 문제에 얽매이지 않을 수 없다. 이것은 부자에게나 가난한 사람에게나 똑같이 적용되는 사실이다.

부모가 예수 그리스도로 말미암아 돈 문제로부터 진정한 해방을 얻으면 아이도 거기에 참여할 수 있게 된다. 성서적으로 보아 아이는 부모의 삶을 따라간다는 사실은 확실한 것 같다. 이 사실은 열두 살 정도까지의 아이들에게 해당하는 말이다. 이때까지의 아이들은 예외 없이 부모의 태도에 물질적으로 의존할 뿐만 아니라 영적이고 심리적인 영역에도 영향을 받고 그대로 행동한다. 따라서 내적이든 외적이든 돈에 대한 부모의 태도는 곧 아이의 태도가 된다. 그래서 부모가 아무리 아이들 앞에서 돈 이야기를 하지 않고 겉으로 점잖은 행동을 해도 내적으로 돈에 사로잡혀 있으면 아이들도 돈에 사로잡히게 되는 것이다. 먼저 부모의 구원을 입증하는 내적 행위가 중요하다. 그것이 없으면, 아무리 의롭고 훌륭한 교육방법을 써도 아이는 부모와 마찬가지로 돈에 사로잡히게 된다.

실로, 아이는 부모의 내면적 현실을 보여주는 거울이다. 그에게는 아직 행동과 생각이 분리되지 않고 하나를 이루고 있어 그의 존재는 곧 그의 현실을 나타낸다. 따라서 아이들에게는 어떤 교훈이나 모범을 보이거나 분위기를 만들어주는 것만으로는 부족하다. 부모들 자신이 돈에 대해 올바른 태도를 보이는 것이 중요하다. 결국, 부모가 은혜를 통해 돈에 대한 집착에서 자유롭게 될 때, 부모의 교육방법은 효력을 발휘하게 될 것이며, 그 때 비로소 아이들은 부모의 가르침을 듣고 받아들이며 옳은 행실을 취하게 된다.

그러나 아이들의 이러한 태도, 즉 부모의 태도를 그대로 따라 하는 것은 일시적일 뿐이다. 부모가 돈에 대해 자유로울 때, 아이들도 일시적으로는 돈에 대해 자유로울 수는 있다. 그러나 이것만으로는 부족하다. 아이가 진정으로 돈에 대해서 자유롭게 되려면 아이 스스로 자기의 행동에 책임질 수 있을 정도로 성장해야만 된다. 이때에 비로소 아이는 부모의 경험과 결정에 매이지 않고 자신의 판단에 따라 행동할 수 있게 된다. 이때, 아이의 행동은 부모의 문제가 아니고 그의 개인적인 문제다. 그러나 아이에게 돈에 대한 영적인 투쟁을 환기시키는 것이 아이로 하여금 더 잘 대비하고 무장하게 하는 것임은 두말할 나위가 없다.

요약해서 말하자면, 교육이라는 도구는 그것을 사용하는 사람이 참으로 자유로운 인간일 때, 그리고 사탄에게서 해방되어 그것을 분별할 줄 아는 사람이 사용할 때에만 제구실한다. 그러한 현실을 모르고 어떤 방법을 사용하여 영적인 문제를 풀려고 대드는 기교적 태도는 쓸모가 없다. 당장 눈앞에 당면한 어려움을 극복하려는 것이 아니라 장기적인 안목으로 아이들을 교육하려고 하는 사람이라면, 그러한 모험은 하지 않을 것이다. 한편, 부모의 기도와 노력은 아이들의 구체적인 문제에 직접 관심을 두고 개입할 때에만 참다운 의미가 있을 수 있다.

지금까지는 기도와 부모의 태도 등 간접적인 행위에 대해서 이야기하였는데 참교육은 이것만으로 되는 것이 아니고 구체적이고 직접적인 행위도 필요하다. 현재의 교육학적 방법들은 이런 활동으로 비로소 제 역할을 할 수 있다. 그렇지만, 여기서도 기독교 교육학과 다른 교육학 사이에 큰 차이가 있음을 알아야 한다. 아이가 돈에 사로잡힐 때 거기서 나오는 행위는 죄의 행위, 즉 하나님에 대한 반역과 돈의 권세를 받아들이는 행위다. 단순히 습관이나 심리적인 문제가 아니다. 결국, 인간이 본래 선하다는 생각에서 출발하여 아이의 본성을 자유롭게 발현하도록 내버려 두는 것으로는 안 된다는 것이다. 이것은 아이로 하여금 인격을 충분히 드러내고 충분히 표현하도록 하는 문제일 수가 없다. 왜냐하면, 아이의 인격은 악하기 때문이다. 그렇다고 아이에게 도덕행위를 하나님의 지상명령으로 가르치려는 것도 옳지 않다. 죄에 관한 한 키에르케고르의 공식 곧 '죄의 반대는 선행이 아니라 믿음이다'라는 공식을 상기해야 한다. 그러나 이것을 어떻게 표현할 수 있는가?

인간의 가장 기본적인 성향은 높은 것에 애착을 느끼는 것으로 생각한다. 아이는 삶의 순간마다, 하나님의 사랑에 대한 응답으로 하나님께 사랑을 드리며 끊임없이 전진하도록 부름 받았다. 우리가 매 순간 거기까지 올라가지 못한다면 우리 이성이 얼마나 무력해지는지를 알게 된다. 만일 도덕적이고 심리적인 방법으로 돈에 투쟁한다면 얼마 가지 않아서 이 모든 노력이 허사가 되는 상황에 직면하게 되고, 다른 행동의 근거가 되는 상황마저도 찾을 수 없게 된다. 우리는 더 높은 것을 잡아야 하고 도덕적이고 교육적인 진리는 거기서부터 출발하도록 해야 한다. 그렇지 않고는 돈에 대한 투쟁은 효험을 잃게 된다. 먼저 아이의 삶에 일반적인 의미를 부여하는 일, 그가 점차 가장 높은 것을 향하도록 하는 일, 그의 마음속에 가장 큰 진리와 현실이 자리 잡게 하는 일부터 시작해야 한다. 그러나 이것은 아주 느린 작업이기 때문에 즉각적인 열매를 맺을 수는 없다. 더 높은 가치를 향할 때만이 아이는 낮은 가치에서 멀어진다.

돈의 교육학에서 취할 수 있는 방향은 두 가지가 있을 수 있다. 먼저, 돈 문제를 아주 자연적인 것으로 생각하는 방향이다. 즉 경제적이고 인간적인 차원에서 문제제기를 하는 것이다. 이 경우에는 심리학적인 기교를 쓰거나 기껏해야 도덕에 호소하는 방법뿐이다. 두 번째는 돈 때문에 발생하는 문제를 더 높은 차원에서 처리하고 그것을 엄연한 현실 속에서 바라보는 것이다. 그리고 높은 차원에서 처리한 것을 아이들 수준에 맞게 전달해야 한다. 여기서 높은 차원이란 신비주의를 말하는 것은 결코 아니다. 다만, 사람이 어떤 것을 사랑하면 다른 것을 사랑할 여지가 별로 없다는 의미에서 높은 차원을 이야기한 것이다.

높은 것들을 사랑한다는 것은 낮은 것들을 싫어하게 된다는 것을 뜻한다. 그렇다고 돈을 부인하거나 무시하라는 것이 아니다. 오히려 그와 반대로 돈의 사용법과 그 정당한 가치를 가르치는 것이 지금 말하는 교육방법의 중요한 요소임을 이미 보았다. 그러므로 여기서 말하고자 하는 것은 돈에 초연하라는 것이다. 우리가 돈에 중요성과 관심을 부여하지 않게 되면 돈도 중요성을 잃는다. 우리가 돈에 중요성과 관심을 부여하지 않게 되면 돈도 중요성을 잃는다. 그런데 그렇게 할 수 있으려면 다른 것에 중요성과 관심을 쏟아야 한다. 그렇지 않으면 우리의 초연은 두려움과 고행에 지나지 않으며 그것은 추천할 만한 것이 못된다. 아이에게 돈에 대한 부정적인 영향을 주거나 그에게서 돈을 빼앗거나 돈 없이 지내도록 강요해서는 안 된다. 오히려 다른 가치체계가 그를 사로잡아 점차 돈에서 멀어지도록 아이를 유도해야 한다.

여기서 혼동하지 말아야 할 것은 아무런 가치라도 괜찮다는 말이 아니다. 휴머니즘은 그것이 아무리 우수한 사상이라 해도 바람직한 결과를 낳을 수 없다. 아이를 사로잡힘에서 해방하는 것은 인간의 지적 능력이나 미덕도 아니며 인간의 예술도 아니다. 이런 것들이 얼마나 돈에 잘 예속되는지 우리는 현실 속에서 자주 보게 된다. 기독교 교육이나 주일학교 교육으로 말미암아 교회에 소속된 교인이 됨으로써 돈의 사로잡힘에서 해방될 수 있는 것도 아니다. '높은 분' 곧 예수 그리스도 자신, 그분만이 우리를 돈의 사로잡힘에서 해방할 수 있는 해방자다. 그리스도 안에서 모든 모순이 풀리고, 아무리 돈의 권세가 크더라도 그것은 종의 권세에 지나지 않는다는 사실을 아이들에게 가르쳐야 한다. 그리하여 아이들이 예수 그리스도께 나아갈 때, 그리스도께서 그들과 함께하셔서 욕심으로부터의 자유를 얻게 하고 구원을 주신다는 사실을 깨닫게 해야 한다.

여기서 유의해야 할 점이 있다. 아이가 돈에서 멀어지게 되는 것은 자연현상이나 심리적 효과를 통해서 되는 것이 결코 아니다. 또한, 하나에 관심을 두게 됨으로써 기계적으로 다른 것에 대한 관심을 잃는 단순한 보상원리에 의해 그렇게 되는 것도 결코 아니다. 이것은 관심이나 습관의 문제가 아니다. 돈에 사로잡히는 것이 어떤 차원의 문제인지 분명히 깨달아야 한다. 돈에서 멀어지려면 예수 그리스도의 권세, 바로 그것이 필요하다. 어른에게서처럼 아이에게서 이러한 사랑의 변화를 일으키는 것은 예수 그리스도의 예측할 수 없는, 전능하고 값없이 주는 은혜의 행위다. 오직 예수 그리스도에 의해서만 가능한 이 은혜를 믿지 않는다면 우리의 노력은 헛수고가 되고 우리 아이들은 다른 주인에게 예속될 것이다.

물론 돈에 대한 초연함이 행위로 나타나야 한다. 어른처럼 아이도 그리스도의 은혜에 대한 믿음이 행위로 드러나야 한다는 사실을 배워야 한다. 아마 요즘은 교육방법의 큰 흐름 중 하나는 자기는 탕감 받았으면서도 다른 이는 탕감해줄 줄 모르는 무자비한 종의 태도를 견지하는 것 같다. 그러나 매일 모든 상황 속에서 하나님이 우리에게 주신 은혜의 선물을 생활 속에서 이웃에 나누어 주는 체험을 해볼 때 비로소 하나님이 주시는 은혜의 선물의 의미를 자발적으로 발견할 수 있다. 그러므로 이웃사람에게 나누어 주는 것을 아이에게 가르쳐야 한다.

그러나 이러한 증여를 자연적인 관대함에 기초하여 가르치면 안 된다. 관대함이란, 증여물이 별 가치가 없을 때만 발생하기 쉽고 더구나 때때로 이기주의적 교만을 일으키기 때문이다. 주는 것을 가르치기 전에 먼저 줄 물건과 대상을 선택하도록 해야 한다. 부모가 영향력을 행사하거나, 잡아끌거나 주도하는 증여는 피해야 한다. 아이 스스로 점차 증여의 필요성을 현실화하도록 하고, 그 구체적인 모양은 그의 자유로운 선택에 맡기도록 해야 한다. 이 자유를 통해 부모는 자기들의 교육방법이 어느 위치에 있는지 알 수 있게 된다. 특히 잃은 것을 보상받으려는 의도적인 행위를 하지 않도록 주의해야 한다. 아이는 자신이 한 행동이 부모로부터 인정을 받게 되면 남에게 준 만큼 또는 그 이상으로 받는다는 사실을 빨리 파악한다. 이 때에 증여는 계산되고 교육은 그릇되게 된다. 아이가 자기 것을 준다는 사실 때문에 몸살을 앓는 것은 불가피한 일이다. 증여가 어려운 행위임을 알게 될 때 아이는 그것을 통해 다른 사람과의 관계가 하나님과의 관계처럼 어렵고 중요한 것임을 알게 될 것이다.

돈으로부터 해방되는 데는 아이를 둘러싼 환경도 큰 역할을 한다. 아이는 보통 부한가 가난한가에 따라 우월감이나 열등감을 느끼거나, 혹은 부에 대한 존경이나 증오, 가난에 대한 경멸이나 불신을 갖게 된다. 그런데 어떤 환경에서는 감정이 역전되어 가난한 자면서도 부를 경멸하고 자기 나름대로 가난에 우월감을 가질 수가 있다. 또한, 부자면서도 가난한 자에 대해 좋은 감정을 가짐으로써 어떤 열등감을 느낄 수도 있다.

그런데 감정이 어떤 방향으로 형성되든 그것은 인간관계를 부패하게 하는 것으로 아주 좋지 않은 것이다. 아이를 돈으로부터 해방하기 위한 하나의 방법은 아이로 하여금 다른 아이와 옷 입는 방식이나 집안의 빈부를 비교하지 않는 것이다. 이것이 나는 부유함 속에서도 가난하게 사는 법을 배웠다고 고백한 바울의 말씀을 지향하는 교육이다. 그런데 아이에게서 그런 것을 기대하는 교육이 어려운 일만은 아니다. 돈은 인간관계의 걸림돌이 되지 않을 수도 있다. 자유로운 정신 속에서 자란 아이, 사람이 돈에 따라 판단되지 않는 환경에서 자란 아이는 자신과는 다른 환경에서 자란 아이들과 쉽게 사귈 수 있게 될 것이다. 이때 부모는 아이에게 충격이 없도록 또 계급의식이 싹트지 않도록 지켜보기만 하면 된다. 그렇게 될 수 있는 것 역시 예수 그리스도께서 앞서 이루신 일 때문이라는 것을 잊지 말자.

다른 응용사례의 예를 들 수도 있지만, 그 모든 사례는 한결같이 아이의 경험과 발달 수준에 따라 형성된 사례다. 이 사례는 가장 유용하고 현명한 발견이다. 모든 것을 다 이루었다 해도 경험과 발달 수준에 따라 형성된 사례는 시작에 불과하다. 어른이 되면 자기가 배운 것을 다 팽개칠 수도 있기 때문이다. 아이가 자라서 집안에서 체득한 것과는 정반대로 나가려 한다거나, 돈을 얻고자 돈에 예속되려 하는 사례는 얼마든지 있을 수 있다. 교육이란(기독교 교육도 포함됨) 완전무결할 수 없으므로 그렇게 될 수 있다. 교육의 결과는 수학적으로 얻어지거나 보장되는 것이 아니다. 교육의 결과는 오직 효율성을 가져다주시는 성령이 주관하는 문제다. 그러므로 오류의 가능성을 배제하는 교육은 반기독교적이다. 우리가 교육방법에 따라 행동한다 할지라도 그 열매는 성령의 축복에 따라 이루어진다는 사실을 인정해야 한다.

3. 자족하는 삶

우리가 기독교 교육의 결과를 보장받을 수 없는 불확실성 속에 머물러 있다면, 그처럼 애써 교육 이론을 추구할 필요가 어디 있는가? 이런 물음에 답하려면 여태까지의 작업을 결론짓고 요약하는 것으로 보이는 두 본문을 연구해보는 것이 좋다. 우리는 이 두 본문의 차이점에서 교육학의 의미를 찾아낼 수 있을 것이며 동시에 그 본문들의 영감이 연속성을 갖고 있음을 알게 될 것이다.

첫 번째 본문은 잠언에 있다. "내가 두 가지 일을 주께 구하였사오니 내가 죽기 전에 내게 거절하지 마시옵소서 곧 헛된 것과 거짓말을 내게서 멀리 하옵시며 나를 가난하게도 마옵시고 부하게도 마옵시고 오직 필요한 양식으로 나를 먹이시옵소서 혹 내가 배불러서 하나님을 모른다 여호와가 누구냐 할까 하오며 혹 내가 가난하여 도둑질하고 내 하나님의 이름을 욕되게 할까 두려워함이니이다." 잠30:7~9

두 번째 본문은 돈을 보내준 빌립보 교인들에게 바울이 감사하는 내용이다. "내가 궁핍하므로 말하는 것이 아니니라 어떠한 형편에든지 나는 자족하기를 배웠노니 나는 비천에 처할 줄도 알고 풍부에 처할 줄도 알아 모든 일 곧 배부름과 배고픔과 풍부와 궁핍에도 처할 줄 아는 일체의 비결을 배웠노라 내게 능력 주시는 자 안에서 내가 모든 것을 할 수 있느니라 그러나 너희가 내 괴로움에 함께 참여하였으니 잘하였도다" 빌4:11~14

두 본문은 돈의 세계 속에 있으면서도 하나님께 복종하려고 하는 한 인간의 상황을 아주 정확하게 보여준다. 구약의 본문은 기도다. 원래 잠언이 경건이나 기도보다는 윤리적인 교훈이 강한 책이라는 점을 고려할 때, 이 본문은 더욱 두드러진다. 본문은 기도의 중요성을 강조하고 있다. 인간 측에서 볼 때 기도란 하나의 포기일 수 있다. 인간은 자신이 처한 상황을 이길 수 없고 다스릴 수 없어서, 자신의 힘으로 이룰 수 없는 것을 하나님께로부터 얻고자 기도한다. 그러나 잠언의 기자는 위험을 아주 잘 알고 있다. 돈이 어떤 것인지도 알고 있다. 그리고 그것을 피할 수 있다고 생각하지도 않는다.

부자에겐 하나님을 배반할 수 있는 위험이 있다. 하나님의 영감으로 글을 쓰는 기자 자신도 그 유혹은 피할 수 없다고 고백하고 있다. 풍요 속에 있는 인간은 영원한 분을 잊은 채 자기가 가진 것에 만족하고 하나님이 자기 삶 속에서 이루시는 것을 보지 않는다. 그에게는 아무것도 아무 사람도 필요 없다. 이것은 하나님을 배제하는 지름길이다. 경제적 소유의 보편화를 추구하는 현대인들은 종교가 마침내 없어질 것이라는 어리석은 생각을 한다.

그러나 가난 역시 극복하기 어려운 것 같다. 사람은 이 상황 역시 극복할 줄 모른다. 부자일 때와 마찬가지로 가난할 때도 하나님과의 관계는 자연스럽지 못하다. 가난한 자가 부자보다 더 낫게 행동한다고 볼 수 없다. 부자처럼 그도 극복하기 어려운 유혹을 받는다. 그에게 닥치는 일은 도둑질이다. 아주 간단하다. 그러나 본문에 의하면 도둑질은 모호한 결과를 낳는다. 즉 하나님의 이름을 욕되게 한다. 랍비들은 그가 하나님의 이름을 '욕되게 한다' 라고 번역한다. 그러나 하나님의 이름을 욕되게 한다는 원문을 문자적으로 보면 "내가 힘을 취하지 않도록, 하나님의 이름을 빼앗아가지 않도록"이다. 도둑질하는 심각성은 여기에 있다. 가난한 자는 돈과 빵만을 도둑질하는 것이 아니라 하나님의 이름까지 도둑질한다. 가난한 자는 악을 행하면서도 자기가 의롭다고 말한다. 가난한 자는 가난하다는 이유로 악도 합법화시키고 있으며, 하나님은 그것을 정당화하는 역할을 하게 한다. 더 나아가 가난한 자는 하나님께 가난의 책임을 돌려 하나님의 이름을 빼앗고 결국, 하나님께 거듭 죄를 짓는다. 그런데 문제는 인간의 교만에 있다. 이 교만은 부하고 가난한 두 상황을 이용하여 인간을 하나님보다 우위에 두며 결국, 적대관계에 둔다.

이러한 위험을 알고 솔로몬은 이런 유혹에 빠지지 않도록 '먹고 살 만큼만' 달라고 요청한다. 그리하면 하나님의 뜻에 따라 살 수 있겠다고 말한다. 이는 부하거나 가난하지 않은 중간상태에 우월성을 부여하는 말이다. 그리고 사람이 하나님의 뜻에 순종하는 것은 물질조건이 충족되었기 때문임을 뜻하기도 한다. 돈의 유혹과 지배에 저항할 수 없을 바에야 문제를 객관적으로 제거하는 것이 유일한 해결책이다. 즉 양극단을 버리고 유혹이 되는 물질적 요인을 제거함으로써 문제의 소지를 없애려는 것은 현명한 해결책이다.

객관적으로 제거한다는 것은 객관적인 상황에서 의로운 결과를 기다린다는 뜻이다. 이것은 객관적인 상황이 형성돼야 돈의 지배에서 벗어날 수 있다는 뜻이다. 객관적으로 가장 좋은 상황을 조성하는 것이 중요하다는 뜻이다. 어떤 점에서는 그것만이 유일하게 가능한 해결책일 수도 있다. 왜냐하면, 돈의 권세와 믿음의 허약함을 알고 나면 인간은 오히려 쉽게 그 권세에 빠져들어 가기 때문이다. 그러나 한편 이 바람직한 상황은 인간이 올바른 행실을 했기 때문에 생기는 결과는 아니다. 영적인 삶에 유익한 조건을 정확히 만들어낼 만큼 인간은 강하지 못하기 때문이다. 인간은 홀로 내버려두면 권세의 의지에 끌려간다. 옳은 조건의 형성은 하나님에게서만 온다. 하나님은 빵을 주신다. 그러므로 하나님을 철저히 신뢰하고 인간을 철저히 불신하는 자라 할지라도 먹고 사는 데 꼭 필요한 것만을 위하여 기도할 수는 없다. 객관적인 상황은 인간이 조성하는 것이 아니라 하나님이 조성해주신다. 그것은 하나님의 선물이다. 그래서 기도가 필요하다. 돈에 대한 욕심에서 해방되지 않은 사람, 그것이 아직 소멸하지 않았음을 아는 그 사람이, 가능하면 더 좋은 상황을 만들어주시도록 하나님에게 구한다. 그 사람은 기도와 겸손한 요구로 하나님께 다가간다. 그 이상은 할 수 없다.

그런데 빌립보서의 본문은 아주 다르다. 여기서 우리는 객관적인 물질 조건 너머에 서 있는 한 사람을 본다. 그는 풍요로움과 비천함을 모두 이기는 생활을 한다. 이것을 인간의 차이로 설명하려는 인간주의적인 논의는 접어두자. 잠언의 기자보다 바울이 더 인간적으로 강하다고 볼 이유가 없다. 그가 인간적으로 더 훌륭한 삶을 살았다고 볼만한 이유가 없을뿐더러, 그 자신도 그가 자유롭게 된 것이 자기의 덕 때문이라고 생각하지 않는다.

역사적인 진보를 거론할 것도 못 된다. 기원전 600년보다 로마시대 때의 돈의 권세가 더 강력했음은 의심할 여지가 없다. 두 태도 사이에 정반대되는 것이 있는데, 그것은 예수 그리스도께서 태어났다가 죽으시고 부활하신 역사적 사실, 인간의 조건과 동시에 권세의 권위를 바꿔놓은 그 사실과 관계된다. 그때부터 인간을 둘러싼 경제적이고 정치적인 상황은 어떤 의미로든 더는 결정적인 힘을 갖지 않는다. 그때부터 상황 자체가 필연적으로 인간을 붕괴하거나 안정된 영적 삶을 보장하는 시대는 끝났다.

예수 그리스도를 통해 인간은, 하나님의 뜻을 실현하기 위해 어떤 상황을 보장받으려고 애쓰지 않아도 될 상황을 맞았다. 이제는 보장이 아니라 위험을 안게 되었다. 물론 구약성서에서도 하나님을 위해 위험을 무릅써야 하는 상황이 있기는 하다. 그러나 그것은 일상적인 것이 아니라 오히려 '원래부터 불가능한 것'이었다. 그래서 구약시대에는 늘 물질조건의 지배를 받았고 그것이 매번 기적에 의해 극복되었던 것이다. 지금은 그와 반대로 새로운 사실 앞에 서 있다. 객관적인 상황이 어떠하든 인간은 그것을 이기도록 부름 받았고 또 그렇게 할 수 있다. 정치·경제적인 조건을 통해 영적 삶이 변화되기를 기대할 필요가 없다. 오히려 정치·경제적 조건이 인간에 의해 지배되고 변화되고 형성될 수 있게 되었다. 그 인간이 참 신앙이 있고, 성령의 뜻을 따른다면 말이다. 바울이 우리에게 가르치는 것은 돈과 거기에서 비롯되는 모든 것에 대한 믿음의 승리다. 그런데 그 승리가 가능한 것은 돈이 이미 정복된 권세기 때문이다. 여기서 말하는 것은 종교의 발전도 아니며 종교의 정신화도 아니다. 다만, 솔로몬이 보기에 극복할 수 없는 권세였던 돈이 이제는 예수 그리스도에 의해 정복되고 예속되고, 그 큰 유혹의 힘과 권위와 효율성까지도 상실했다는 것이다.

영적으로 돈을 더는 두려워할 필요가 없다. 예수 그리스도께서 십자가 위에서 그 권세를 꺾었기 때문이다. 그때부터 그리스도 안에 거하는데 돈을 갖느냐 갖지 않느냐는 더는 문제가 되지 않는다. 기독교적인 유일한 태도는 '자기가 처한 상황에 만족하는' 것이다. 올바르지 않게 돈을 쓰는 것도, 모든 수단을 동원하여 돈을 모으는 것도 모두 헛되다. 이런 자세는 그리스도를 믿지 않는 자들이 취할 자세다.

이제 사람과 돈 사이의 충돌에 대한 해결책은 인간에게 주어지는 객관적 상황에 있지 않고 돈의 힘에 대한 예수 그리스도의 승리에 있으며 인간도 거기에 연합하도록 부름 받았다. 바울이 "내게 능력 주시는 분 안에서 나는 무엇이든지 할 수 있다"라고 한 말이 뜻하는 바가 바로 이것이다. 위에서 보았듯이 여기서 중요한 것은 바울의 영적 가치가 아니다. 바울은 돈의 가치를 무시하지 않았다. 사람이란 부한 데서도, 가난한 데서도 살 수 있어야 모든 일을 할 수 있다는 바울의 생각이 그것을 말해준다. 그래서 그는 그리스도인이 가장 획득하기 어려운 덕목의 하나로 예수 그리스도의 승리에서 나오는 능력을 꼽는다. 돈을 극복했을 때, "무엇이든지 할 수 있다."

돈을 극복한다는 것은 돈을 가질 때나 가지지 않을 때나 삶의 자세가 변치 않으며 늘 하나님께 같은 헌신을 하는 것을 말한다. 따라서 돈 문제에 대한 해결책은 돈으로부터의 도피나 가난을 서약하는 것이나 금욕이 아니며, 가진 것 전부를 포기해야 하는 것도 아니다. 이런 것들을 객관적인 방식으로 답을 구하는 태도다. 부유한 가운데서 참된 그리스도인이 되기가 쉬운 일이 아니다. 자기 재물에서 완전히 초연해져야 하니 말이다. 많은 부자가 자기는 돈에서 초연하다고 선언한다. 그러나 대부분의 부자는 바울처럼 돈에 초연한 삶을 사는 것이 아니라 그의 말만 인용하고 있을 뿐이다. 그러므로 그들은 사실상 돈에 사로잡혀 있는 노예들이다.

그런데 이 문제를 거론할 때, 바울은 매우 주목할 만한 방식을 취했다. 그는 하나님께 그렇게 되게 해달라고 기도하지 않았다. 그는 바로 실천했다. 기다림이나 소망이 아니다. 왜냐하면, 예수 그리스도의 승리는 완성된 승리이며, 신앙 안에서 그리스도와 하나가 되는 것이 그리스도인의 삶이기 때문에 돈에 관한 한 소망 안에서 기다릴 것 없이 바로 결정하고 바로 승리를 성취해야 하기 때문이다.

'결정을 내린다'라는 말은 신학으로 말미암아 잊힌 언어가 되고 말았다. 대부분의 신학이 인간이 행할 수 있는 의지와 행동을 하나님께 돌림으로써 이 언어를 우리에게서 멀리 떨어뜨려 놓았다. 그러나 바울은 이 언어를 분명히 언급하고 있다. 그가 비천과 풍부에 처할 줄도 '알고' 일체의 비결을 '배웠다'라는 말은 인간 편에서의 훈련을 요하는 용어다. 두 본문이 돈에 대한 기독교 교육에 관한 고찰의 결론으로 쓰이는 이유가 여기 있다. 사람이 그리스도의 승리에 연합했을지라도 그 승리의 열매는 사람이 거두어야 한다. 그리고 그것은 그 개인의 문제다. 배워야 한다. 성령이 승리했다고 해서 인간은 아무것도 하지 않아도 된다는 말이 아니다. 그래서 바울은 돈의 힘에서 진정으로 해방되었음에도 불구하고 부유하거나 가난하게 사는 것을 배워야 했던 것이다.

여기에 우리가 취해야 할 완전한 교육이 있다. 그것은 단순히 인간의 힘으로 비천한 처지에 적응하는 것이다. 그것은 단순히 부유한 상황 속에서 돈 쓰는 법을 배우는 것이 아니다. 이 교육은 영적이고 심리적인 문제를 제기하는 것이 아니라 매우 구체적이고 매우 실천적인 문제를 제기하며 바로 여기에 훈련의 의미가 존재한다. 지식과 통찰이 제자리를 찾는 것도 바로 여기서다. 성령의 활동이 있고 나서야 지식과 통찰이 비로소 그 고유한 역할을 수행한다. 아이들에 관한 교육은 부모들이 입은 은혜가 수반될 때에만 그 의미가 있다고 말하는 이유도 여기에 있다. 아이들이 부모들과 분리되지 않고, 부모들은 하나님의 말씀에 따라 생활할 때만이 교육은 의미와 가치를 지니며 동시에 필요성을 지닌다.

그리스도가 돈에 대해 승리했다는 사실은 모든 물질문제를 해결했다는 것을 뜻하지는 않는다. 바울은 자기의 곤궁을 말할 때 아주 강한 어휘를 사용하여 그도 그 어려움을 극복하지 못했음을 암시했다. 그는 그 문제 때문에 고통을 당했다. 가난은 무서울 정도로 강한 시험이며, 성령은 사람이 당하는 시험을 없애 주거나 무관심하게 만드는 것이 아니라 시험을 극복할 힘을 준다. 고통은 고통이다. 그리고 시험이다. 사람은 쇠가 아니며 천사가 될 수도 없다. 결국, 이 새로운 상황 속에서도 구약의 본문은 폐기되지 않는다. 그것은 말하자면 아직 그리스도의 승리를 확신하지 못하는 사람에게 타당한 기도요 객관적인 진리로 남아 있다. 그렇지만, 우리가 어떻게 그리스도의 승리를 확신할 수 있을까? 우리는 새로운 상황에 부닥쳐 있다. 그리고 어떤 지경에서도 우리에게 주어진 권세를 통해 행동하도록, 그리고 그 권세를 사용하는 법을 배우도록 부름 받았다. 더는 결정적인 상황은 없다. 물질조건과 영의 운명은 정복되고 예속되었다. 물론 그것은 영원한 나라에서의 현실이다. 그렇지만, 인간이 그리스도의 승리와 성령의 능력을 심각하게 받아들이면 이 땅에서의 현실이 될 수 있고, 되어야 한다. 집단적이고 객관적인 일반조직에 의해서는 결코 그렇게 될 수 없다. 그것은 오히려 돈의 힘에 대한 인간의 예속이다. 사람의 자유로운 행위를 통해 그렇게 될 수 있을 것이다. 능력 주시는 그리스도 때문에 무엇이든지 할 수 있는 각 개인의 행위를 통해 그렇게 될 수 있을 것이다.

5장. 부자와 가난한 자

가난의 문제를 해결하기 위한
그리스도인의 방법은
어떻게 하면 가난하게 사신
예수 그리스도의 뒤를 따를 것이며,
어떻게 하면 가난한 자의 대열에
직접 참여할 수 있을까
하는 것으로부터 시작한다.

5장. 부자와 가난한 자

1. 부자

성서를 조금이라도 읽어본 사람이라면, 성서가 부자에 대해서 지독히 적대적으로 말한다는 것을 느낄 수 있을 것이다. 이는 우리가 앞에서 살펴본 바와 같이 이 세상에서 일어나는 돈의 당연한 결과이긴 하지만, 그러한 저주의 대상이 될 주위의 선남선녀들을 생각하면 몸이 오싹하지 않을 수 없다. 왜냐하면, 성서에는 처음부터 끝까지 부자에 대한 저주가 메아리치고 있기 때문이다. 이것은 나쁜 부자만을 가리킨다거나 한 시대의 특별한 사건일 뿐이라고 생각함으로써 해결될 문제가 아니다. 왜냐하면, 이 문제에 대한 예언자나 사도들의 말씀이 너무나 명백하기 때문이다.

성서가 저주하는 대상은 부자들의 어떤 행위가 아니라, 필연적으로 하나님께 적대적일 수밖에 없는 그들의 전체적인 삶 자체다. 앞에서 살펴본 몇 가지 예외, 즉 아브라함과 욥과 솔로몬을 제외하면 의로운 부자나 좋은 부자는 없다. 아브라함과 욥과 솔로몬은 비록 돈은 많이 소유하고 있었지만, 성서에서 말하는 부자들과는 전혀 다른 영적 자세를 하고 있었다. 성서에 언급된 부자에 대한 심판은 언제나 날카롭다. "조롱에 새들이 가득함 같이 너희 집들에 속임이 가득하도다. 그러므로 너희가 창대하고 거부가 되어 살찌고 윤택하며 … 내가 이 일들을 인하여 벌하지 아니하겠으며 내 마음이 이같은 나라에 보수하지 않겠느냐" 렘5:27~29 사도의 말씀도 이와 똑같다. "들으라 부한 자들아 너희에게 임할 고생으로 말미암아 울고 통곡하라 너희 재물은 썩었고 너희 옷은 좀먹었으며 너희 금과 은은 녹이 슬었으니 이 녹이 너희에게 증거가 되며 불 같이 너희 살을 먹으리라 너희가 말세에 재물을 쌓았도다 보라 너희 밭에서 추수한 품꾼에게 주지 아니한 삯이 소리 지르며 그 추수한 자의 우는 소리가 만군의 주의 귀에 들렸느니라 너희가 땅에서 사치하고 방종하여 살륙의 날에 너희 마음을 살찌게 하였도다 너희는 의인을 정죄하고 죽였으나 그는 너희에게 대항하지 아니하였느니라" 약5:1~6

누가복음에서 언급한 부자와 나사로의 이야기를 다시 꺼낼 필요는 없다. 거기서도 부자들의 기만과 약탈을 문제 삼는 인상을 받게 된다. 그런데 문제는 이 이야기를 모든 부자에게 해당하는 이야기는 아니라고 생각해버리는 것이다. 대부분의 사람은, 열심히 노력하고 현명한 방법으로 일을 처리함으로써 부자가 된 경우는 폭력으로 부자가 된 경우와는 달리 취급해야 한다고 생각한다. 우리는 고용주와 노동자 사이에 발생하는 이윤에 대해 마르크스주의적 논의를 하자는 것이 아니다. 야고보는 그런 이윤에 대한 개념을 언급하는 것이 아니며 또한 부자는 아무리 정직해도 이윤착취를 할 수밖에 없다는 것을 지적하려는 것도 아니다. 이와 같은 논의는 여기서 이야기하고자 하는 문제의 핵심이 아니다. 에스겔서가 부자들의 현명함을 어떻게 해석하는지를 살펴보면 성서가 부자들을 구별하여 저주하는 것이 아님을 알게 된다. "네가 다니엘보다 지혜로워서 은밀한 것을 깨닫지 못할 것이 없다 하고 네 지혜와 총명으로 재물을 얻었으며 금과 은을 곳간에 저축하였으며 네 큰 지혜와 네 무역으로 재물을 더하고 그 재물로 말미암아 네 마음이 교만하였도다 그러므로 주 여호와께서 이같이 말씀하셨느니라 네 마음이 하나님의 마음 같은 체하였다"겔28:3~6 일을 현명하게 처리함으로써 부자가 되었지만, 그 결과는 마찬가지다. 돈은 항상 죄와 연결된다.

다음 구절은 돈이 항상 죄와 연관된다는 사실을 더욱 두드러지게 하는 구절이다. "네 무역이 많으므로 네 가운데에 강포가 가득하여 네가 범죄하였도다"겔28:16 처음부터 죄를 저지른 것이 아니다. 엄청난 무역이 죄를 불러들였다. 그러므로 돈을 축적하려는 의지와 노력이 극단적으로 발전했을 때 필연적으로 죄가 잉태된다. 에스겔서의 이 말씀은 두로 왕에게 선포된 것임을 명심하자. 그러므로 부자에 대한 저주는 이스라엘 부자, 오늘날로 말하자면 다른 사람들보다 더 많은 죄의식을 가진 그리스도인들에게만 해당하는 말이 아니라 모든 부자에게 해당하는 말이다.

그런데 부자들의 행실과 삶에 대하여 성서는 다음과 같이 저주하고 있다. "불의로 그 집을 세우며 부정하게 그 다락방을 지으며 자기의 이웃을 고용하고 그의 품삯을 주지 아니하는 자에게 화 있을진저 그가 이르기를 내가 나를 위하여 큰 집과 넓은 다락방을 지으리라 하고 자기를 위하여 창문을 만들고 그것에 백향목으로 입히고 붉은 빛으로 칠하도다 네가 백향목을 많이 사용하여 왕이 될 수 있겠느냐 네 아버지가 먹거나 마시지 아니하였으며 정의와 공의를 행하지 아니하였느냐 그 때에 그가 형통하였었느니라"렘22:13~15

왕에 대한 준엄한 경고이면서도 모든 부자에게 해당하는 이 예언의 말씀은 특히 하나님에게서 오는 참 권세와 부로부터 오는 권세를 혼동하고 있음을 지적하고 있다. 이러한 혼동이 저주를 불러일으킨다. 이사야도 이와 같은 것을 이야기하고 있다. "가옥에 가옥을 연하며 전토에 전토를 더하며 빈 틈이 없도록 하고 이 땅 가운데서 홀로 거하려 하는 그들은 화 있을진저, 그들은 뇌물로 인하여 악인을 의롭다 하고 의인에게서 그 의를 빼앗는도다"사5:8, 23 그리고 복음서에서 언급한 예수의 말씀은 이 모든 말씀을 요약한 강한 저주의 말씀이다. "그러나 화 있을진저 너희 부요한 자여 너희는 너희의 위로를 이미 받았도다."눅6:24

하나님의 저주는 먼저 물질적인 사건을 통해 구체화 된다. 예언자 에스겔은 예언의 말씀을 이렇게 전하고 있다. "그런즉 내가 외인 곧 열국의 강포한 자를 거느리고 와서 너를 치니 그들이 칼을 빼어 네 지혜의 아름다운 것을 치며 네 영화를 더럽히며 또 너를 구덩이에 빠뜨려서 너로 바다 가운데서 살륙을 당한 자의 죽음같이 바다 중심에서 죽게 할지라." 겔28:7 또한 "허다한 가옥이 황바다 중심에서 죽게 할지라." 겔28:7 또한 "허다한 가옥이 황폐하리니 크고 아름다울지라도 거할 자가 없을 것이다." 사5:9

그러나 이것은 아직 마지막 때에 부자들에게 내릴 더 큰 분노와 더 큰 저주의 전조에 지나지 않는다. "이로 말미암아 불꽃이 그루터기를 삼킴 같이, 마른 풀이 불 속에 떨어짐 같이 그들의 뿌리가 썩겠고 꽃이 티끌처럼 날리리니 그들이 만군의 여호와의 율법을 버리며 이스라엘의 거룩하신 이의 말씀을 멸시하였음이라." 사5:24 야고보도 같은 사상을 이야기하고 있다. "들으라 부한 자들아 너희에게 임할 고생으로 말미암아 울고 통곡하라 너희 재물은 썩었고 너희 옷은 좀먹었으며 너희 금과 은은 녹이 슬었으니 이 녹이 너희에게 증거가 되며 불 같이 너희 살을 먹으리라." 약5:1~3 이 본문들에 일치하는 것은 최후에 영원한 저주가 있다는 것과 그 저주의 방법은 불이라는 것이다. 부자들에 대한 불심판과 그들의 탐욕 사이에 유비analogie를 발견하려는 것은 무익하다. 그러나 분명한 사실은, 이 불 심판은 다른 사람들보다는 부자들에게 더 해당하는 것으로 언급되고 있다는 점이다.

야고보는 이 이야기를 조금 더 진전시킨다. 금과 은의 녹이 부자들을 진멸할 도구로 사용된다. 돈에 밀착된 사람은 돈에 정복당한다. 인간이 자기가 소유하고자 하는 것이 무엇이냐에 따라 그 운명이 결정된다는 것은 무서운 진리다. 어떤 사람이 무엇보다 먼저 돈을 원한다고 하면 그는 항상 돈에 예속된다. 그는 돈에 사로잡히고 돈에 예속되어 돈의 운명 곧 녹슬고 파괴되는 돈의 운명을 따라갈 수밖에 없다. 그 녹이 불처럼 부자의 살을 먹는다.

예수께서는 왜 부자가 그처럼 저주를 받는지 그 이유를 다음과 같이 말씀하고 계신다. "화 있을진저 너희 부요한 자여 너희는 너희의 위로를 이미 받았도다."눅6:24 이 말씀은 그리 단순한 말이 아니다. 이 말은 하나님이 이 세상에서 행복했던 사람들을 벌하신다는 말이 아니다. 부자는 하나님의 도움이 필요하지 않을 뿐만 아니라 하나님의 위안이나 사랑을 필요로 하지 않는다는 말이다. 하나님보다 돈이 그에게 충분한 도움을 주고 돈의 위안이 그에게 충분한 소망을 준다. 부자는, 하나님 앞에서 그를 변명해주시고 위로해주시는 성령을 필요로 하지 않는다. 그리고 부자가 이 땅에서 하나님의 사랑을 필요로 하지 않는다면 천국에서도 그 사랑을 얻지 못할 것이다. 그래야, 논리적으로 연관성이 있게 된다. 그런데 하나님의 위로와 사랑에서 멀어진 자가 하나님 앞에 갈 경우에는 불로 심판받고 돈의 운명을 따라 멸망하게 된다. 이 땅에 살아있을 동안에는 자신을 하나님께 다시 맡길 가능성이 열려 있다. 그러나 죽음과 함께 이 모든 가능성은 닫히게 된다. 그가 원했던 상황은 죽음과 함께 결정적인 역할을 한다. 그 결정에 따라 그는 불로 심판받는다. 그때에는 아무것도 이 상황을 바꿀 수 없으며 그는 영원히 저주를 받게 된다. 그는 하나님나라 밖에 있는 것이다. 참으로 부자가 하나님나라에 들어가는 것이 낙타가 바늘구멍에 들어가기보다 더 어렵다. 이와 같은 엄격성을 고려해 볼 때 제자들이 놀라면서 그러면 누가 구원을 받을 수 있겠느냐고 질문한 것을 이해할 수 있다.

2. 가난한 자

사람은 돈이 없으면 가난해진다. 사실 가난한 자는 사회 속에서 소외되고 자신의 위치와 자기 본래의 기능을 발휘하지 못한다. 오늘날의 사회는, 마르크스의 말처럼 소유한 것에 의해 존재하는 사회다. 따라서 아무것도 소유한 것이 없으면 존재할 수도 없다고까지 한다. 이것은 자본주의에서뿐만 아니라 모든 사회에서 현존하는 사실이다. 그러나 이런 현상은 사회주의에서보다는 자본주의에서 더욱 분명하고 심하다는 것은 부인할 수 없다.

그러나 자본주의나 마르크스의 이론이 있기 훨씬 전에 성서는 이미 가난한 자에 대해서 지금의 이론보다 훨씬 완벽하고 강력한 교훈을 전하고 있다.

그 빛이 너무 강력하여 교회는 점차 세상 권세의 도움을 받아가며 그 빛을 희미하게 하고자 했다. 사실 이 빛은 인간 전체를, 그리고 세상의 가장 견고한 중심 세력인 돈의 권세를 적나라하게 비춘다.

가난이 무엇인지, 그리고 누가 가난한 자인지가 드러날 때에 비로소 돈의 권세는 그 부끄러움을 드러낸다.

성서가 말하는 첫 번째로 중요한 증언은 우리가 흔히 하듯이 가난을 여러 범주로 구분하여 나눌 수 없다는 것이다. 즉 가난을 부끄러운 가난이나 원한에 찬 가난, 덕스러운 가난이나 타락한 가난, 물질적 가난이나 영적인 가난 등으로 구분할 수 없다는 것이다. 가난은 종류별로 분류할 수 없다.10)

가난이란 개념은 이 모든 것을 함축한다. 사실 가난이란 물질과 정신의

---

10) '가난'을 나타내는 히브리어로는 다음 네 개의 낱말이 있다. 첫째, ענב(ănab) 또는 עני(ăni)는 우리가 본문에서 언급한 의미를 가진다. 이중적 의미의 불행 곧 돈에 있어서의 가난과 영적인 가난을 모두 내포한다. 겸손하고 순하고 비천한 사람을 뜻하기도 한다. 이 낱말은 낮아짐과 굽힘을 뜻하는 동사 ענה(ăna)와 연관되기도 한다. 그러나 여기서 강조할 것은 이 동사가 아주 일반적으로는 '응답하다'(repondre)는 뜻을 가진다는 점이다. 그러므로 가난한 자의 존재에 책임성(responsabilite)을 연관시키는 것도 우연한 추론은 아니다. 실제로 가난한 자는 응답을 요구하는 자이며 그의 존재 자체가 우리의 삶에 대한 물음이다. 이것이 우리가 강조하려고 하는 의미와 관련있다.

둘째, 에비욘 אביון(èbeyon)은 좀 더 물질적 궁핍 쪽으로 기울어진다. 가난의 경제적 측면이 더 강조되고 있다. 이런 면에서 에비욘은 욕구하는 사람이다. 그러나 영적인 의미가 없는 것은 분명 아니다. 역사가들이 이미 인정하는대로 이스라엘에 있어서 에비욘들이 종교적 특성을 가지고 있었음을 보아도 그것을 알 수 있다. 그러나 어원(אבה)이 동의에 대한 어떤 경향이라는 뜻을 지니는 것으로 보아 에비욘은 이미 물질적 가난에 대해 어떤 태도를 갖고 있는 사람이 아니냐는 의문을 가질 수도 있다. 아마도 에비욘이 하나님 앞에서 자기를 낮추는 사람을 뜻하지만은 않을 것이다.

여하튼, 이스라엘의 가난한 자들에 대해 기본적인 저서를 낸 고쓰(A.Causse)가 지적하는 대로 '예배하는 사람', '자체가 낮은자(ani)' 또는 '가난한 자(èbion)'의 뜻을 지닌다.

셋째, דל(dal)은 연약함, 사회적 열등성을 뜻한다. 이것은 가난한 계층, 낮은 계층에 속함을 가장 재미있게 표현하는 단어다.

넷째 단어는 다른 단어와 비교가 안 된다. 잠언에 가장 많이 나오는 낱말은 ראש(roś) 혹은 רוש(rus)인데 이는 가난을 뜻하며 궁핍을 나타내는 낱말들의 어원이 되기도 하는데, 주로 물질적 측면에서의 가난을 가리키는 반면 영적인 가치는 부여하지 않는다. 오히려 죄 또는 욕설의 의미를 함축하는 단어 대열에 끼어 있다고 볼 수 있다. 영적인 관점에서 부정적인 의미를 지니고 있는 셈이다.

가난을 동시에 말한다. 가난을 가리키는 히브리어를 보면 물질적인 가난과 영적인 가난 모두를 가리킨다. 가난하다는 단어는 친절과 따스함을 지닌 도덕적 태도를 의미할 수도 있지만 다른 각도에서 보면 외부로부터 입은 불행 즉 억압과 모욕의 뜻도 있다. 가난에는 겸양과 비천의 뜻이 다 들어 있다.

그러므로 가난이 구성하는 첫 번째 요소는 경제적 측면이다. "네가 만일 너와 함께 한 나의 백성 중 가난한 자에게 돈을 꾸이거든 너는 그에게 채주같이 하지 말며 변리를 받지 말 것이며" 출22:25

물질적으로 풍요로운 가난이란 없다. 그러므로 성서에 의하면 돈은 넉넉하되 영적으로 가난하다는 것은 있을 수 없다. 우리는 재물이 넉넉하면서도 가난하다느니 영적으로 멀었다느니 하는 말을 너무 쉽게 한다. 성서는 분명히 이런 태도를 정죄한다. 잠언의 한 구절이 이런 태도를 분명히 드러내고 있다. "스스로 가난한 체하여도 재물이 많은 자가 있느니라" 잠13:7 여기서 쓰인 낱말은 본래의 가난을 가리키는 것이 아니라 죄, 불경, 거짓 등의 어원을 가진 비방에 쓰는 어휘다.

가난이 구성하는 두 번째 요소는 영적인 측면이다. 물질적으로 가난하다고 해서 다 되는 것이 아니다. 가난한 사람은 마음 깊은 곳에 낮은 자세를 하고 있어야 한다. 그러나 이것은 선함도 덕도 아니다. 그것은 단지 물질적인 삶과 영적인 삶을 일치시키는 것뿐이다. 가난한 자세를 갖지 않는 가난한 자는 가난의 흉내를 내는 부자와 같은 사람으로 취급된다. "가난한 자는 협박을 받을 일이 없느니라" 잠1:8 "나로 가난하게도 마옵시고 부하게도 마옵시고 오직 필요한 양식으로 내게 먹이시옵소서. 혹 내가 배불러서 하나님을 모른다 여호와가 누구냐 할까 하오며 혹 내가 가난하여 도적질하고 내 하나님의 이름을 욕되게 할까 두려워함이니이다." 잠30:8, 9 다시 말하면 가난이 죄를 정당화하지 않는다. 그것이 아무리 가난 때문에 생겼어도 죄는 역시 죄다. 그렇기 때문에 성서는 두 번씩이나출23:3, 19:15 가난한 자를 위한다고 불의한 판결을 내려서는 안 된다고 강조하고 있다.

가난한 자 역시 불의와 반역과 거짓과 불경에 동참하는 순간 이미 가난한 자가 아니다. 이런 자는 이미 가난의 자격을 잃게 되며 돈이 없다 해도 그는 부유한 자의 대열에 낀다.

축복의 말씀도 가난의 필연적인 두 요소를 강조한다. "심령이 가난한 자는 복이 있다 … 의에 주리고 목마른 자는 복이 있다."마5:3, 6 "가난한 자는 복이 있다 … 이제 주린 자는 복이 있다."눅6:20, 21 마태복음과 누가복음의 이러한 차이는 원칙적으로 마태는 영적인 가난에 관심을 뒀고 누가는 사회적인 가난에 더 관심을 뒀기 때문이거나 편집상 시간의 차이에 기인하는 것은 아니다. 이 사실도 근거 없는 것은 아니지만 마태와 누가의 차이가 지닌 의미가 그 사실로 해소되는 것이 아니다. 그 차이는 이스라엘에서 가난한 자를 둘러싸고 있었던 두 가지 특징을 정확히 말해주는 것이다. 이 이중적 특징은 서로 떼어낼 수 없는 것으로 어느 하나가 없어져도 가난이라는 개념은 없어진다.

이 두 요소 외에도 가난의 세 번째 요소가 있는데 그것은 억압과 박해다. 이 점은 뒤에서 다시 보기로 하자.

그런데 가난은 모든 불행을 다 통합하는 것처럼 보인다. 즉 가난한 자는 병들고 소외되고 외롭고 팔려 다니며 배신당한다. 더 나아가 가난은 죄의 결과처럼 보인다. 유대사회에서는 부가 축복의 표지였음을 잊지 말아야 한다. 가난은 하나님의 저주다. 그러므로 우리는 의로운 자가 어떻게 가난해질 수 있는지를 이해할 수 없었던 욥의 분노를 이해할 수 있다. 선행 때문에 하나님의 축복을 받기에 합당한 그가 어떻게 부와 건강과 가족을 잃을 수 있단 말인가. 가난해질 만한 짓을 했으니까 가난해졌다고 판단하는 것은 대단히 위험한 생각이다. 우리는 흔히 그런 판단을 하기 쉽다. 그래서 가난은 하나님이 내린 죄의 표지라고 생각한다. 종종 가난한 자들 자신까지도 그렇게 판단하여 스스로 소망의 문을 닫는 경우가 있다. 이런 자들에게는 상황이 바뀔 소망의 길이 없다. 왜냐하면, 그들은 세상이 모두 자기에게 적대적이라고 느끼며 스스로 정죄하며 하나님의 심판이 자기에게 내렸다고 확신하게 되기 때문이다.

가난한 자는 이 세상에서 그가 의지할 만한 것은 하나도 없게 된다. 그는 완전히 벌거벗겨진다. 사실로나 의식으로나, 물질로나 영적으로나 완전히 벌거벗겨진다. 바로 이 이중적인 벌거벗음 때문에 가난해진다. 그러나 이 이중적인 벌거벗음 가운데 어느 하나라도 사라지게 되면 그는 성서에서 말하는 가난의 범주에서 벗어난다.

그런데 가난한 자는 동시에 의로운 자라고 한다. 그는 어린 아이와 같은 사람이다. 예수께서 "너희가 돌이켜 어린 아이들과 같이 되지 아니하면 결단코 천국에 들어가지 못하리라"마18:3고 하신 것은 어린 아이의 연약함 즉 다른 사람에게서 도움을 입어야 하는 필요성 때문일 것이다. 가난한 자가 의로운 것은 그가 덕스럽고 선해서가 아니요 그가 미래와 역사를 짊어지고 있어서도 아니요 단지 가난하기 때문도 아니며 오직 하나님 이외에는 다른 어떤 것도 소망할 수 없기 때문이다. 그는 모든 것을 빼앗긴 자다. 겉으로 보기에는 하나님까지도 빼앗긴 자다. 그렇지만, 그가 부르짖을 대상은 오직 하나님뿐이다. 그러나 오직 하나님께만 부르짖으란 법은 없다. 가난한 자는 신학자일 필요는 없다. 아무나 붙들고 구원을 요청할지라도 그 요청은 하나님께 상달 된다. 약5:4 아벨이 죽었을 때 땅의 울음이 하나님께 상달 되었듯이 가난한 자의 구원의 요청도 하나님께 상달 된다. 그는 간절히 하나님의 도우심과 하나님의 정의와 자유를 기다린다.

아무리 물질적으로 빈곤한 자라 할지라도, 이러한 요청을 그만두었을 때, 하나님이 아닌 다른 곳에서 도움이 오기를 바라고 혁명이나 국가에서 도움이 오기를 바라게 될 때 그는 부자의 대열에 끼게 된다. 가난한 자의 의로움은 비천함에서 하나님만 의지하는 데 있다.

가난한 자가 의로운 이유는 하나님께서 마음 깊은 곳에서 우러나오는 그의 부르짖음에 응답하시기 때문이다. 어떤 행위의 결과 때문이 아니라 다만 그의 깊은 절망에 대한 하나님의 응답이 그에게 부여되기 때문이다. 즉 그의 의는 하나님께서 그를 의롭다고 인정하신 의다. 하나님은 가난한 자의 편이다. 오늘날의 교회가 이 점을 잊었다는 것은 참으로 놀라운 일이다. 시편 기자는 이렇게 말하고 있다. "나는 가난하고 궁핍하오나 주께서는 나를 생각하시오니 주는 나의 도움이시요 건지시는 자시라. 나의 하나님이여 지체하지 마소서." 시40:17 "여호와는 궁핍한 자를 들으시며" 시69:33 "저가 궁핍한 자의 우편에 서사 그 영혼을 판단하려 하는 자에게서 구원하실 것임이로다." 시109:31 "겸손한 자가 여호와를 인하여 기쁨이 더하겠고 사람 중 빈핍한 자가 이스라엘의 거룩하신 자를 인하여 즐거워하리니" 사29:19 하나님께서 그들을 인정하시기 때문에 그들이 의로운 것이다. 그러므로 가난한 자는 불의에 의존할 수 없으며 설사 그 불의가 자기에게 이익이 되어도 그는 그 불의를 취할 수 없다.

그런데 하나님의 정의는 그분의 깊은 사랑에서 나오는 것이다. 왜냐하면, 복음은 가난한 사람들을 위한 것이기 때문이다. 부자들은 복음으로부터 아무것도 보고 들을 것이 없다. 그러므로 그는 복음으로부터 심오한 진리를 깨달을 수 없다. 가난한 사람들이 주로 복음을 듣는다. 마11:5 돈이 풍부한 사람들과 풍요로운 정신을 가진 사람들은 복음이 필요하지 않는다. 그래서 예수께서는 구약의 말씀과 복음을 일치시키기 위해서, 하나님의 행위는 가난한 자의 편이라는 중심선언을 다시 취한다. 그는 누가복음 4장 18절에서 이사야 61장을 인용한다. "주의 성령이 내게 임하셨으니 이는 가난한 자에게 복음을 전하게 하시려고 내게 기름을 부으시고 나를 보내사 포로된 자에게 자유를 눈먼 자에게 다시 보게 함을 전파하며 눌린 자를 자유케 하고" 그러므로 예수 그리스도는 자신이 가난한 자들의 부르짖음에 대한 하나님의 응답임을 천명한다. 예수 역시 가난한 자이기 때문에 그렇다. 예수는 옛 계약에서 가난에 대해 언급한 모든 약속을 자기 안에서 실현한다. 그는 하나님의 풍요로움을 모두 가지고 있으면서도 완전히 가난해지기 위해서 아버지로부터 버림받기까지 모든 것을 빼앗겼다. 빌2:~9; 고후8:9 그는 물질적으로 가난했다. 그는 다른 사람의 도움에 힘입어 살아갔으며, 그는 유랑자며, 집도 식사도 보장되지 않는 생활을 했다.

그는 영적으로 가난한 자. 그는 자기를 내세우지 않았다. 그는 하나님께 쓰임을 받은 자다. 하나님께 채택된 그는 하나님께 예속된 가난한 자가 된다. 그는 하나님이 주시는 영에 의해서만 산다. 그는 스스로 하나님께 모든 것을 맡기고 영적으로라도 자신을 세우거나 확인하기 위해 무엇을 끌어들이지 않는다. 그는 억압받는 가난한 자다. 그는 불의하게 정죄 된 의인이며 오직 그 안에서 겸양과 비천함이 완전히 엮어지고 있다.

그런데 모든 사람에게 요구되는 것은 "겸손히 하나님과 함께 행하는 것" 미6:8(가난한 채 하나님과 함께 살아간다는 뜻)이다.

실제로 가난한 자에 대한 구약성서 본문은 예수 그리스도에 대한 예언적 성격을 가진다. 이와 같은 가난의 개념과 그 영적인 의미는 역사적 틀 속에서 발전한 것이지 절대적인 것은 아님이 확실하다. 가난한 자가 하나님의 참된 종이며, 가난한 자는 물질적으로 빈곤할 뿐만 아니라 영적으로도 가난하다. 가난한 자가 하나님의 대언자라는 사상이 등장하기 시작한 것은 원칙적으로 바벨론 포로 이후 예레미야와 에스겔부터다.

그러나 포로로 잡혀가기 반세기 전에 스바냐는 하나님이 가난한 자를 좋아하며 앞으로 있을 심판에서 그들은 구원받으리라고 이미 선포하고 있다. 습3:11, 12 또한 그는 여호와께서 그의 이름으로 구원을 찾는 겸손하고 가난한 백성을 일으킬 것을 전한다. 습2:3

이 말씀을 통해 가난이 어떠한 환경이나 국가적 사건 때문에 그 가치가 확인되고 선언되기 전에 이미 그 실체에 대한 모종의 인식이 있었음을 알 수 있다.

가난과 경건이 연결된 것은 유대교 신봉자들이 가난한 계급 속에서 규합되었기 때문일 수도 있다. 그러나 이것은 하나의 가정일 뿐이다. 어떻든 반 데르 플뢰그Van der Ploeg 11)가 지적하는 것처럼, 그런 사실 때문에 구약성서에서 가난은 종교적 이상이었다고 말할 수는 없다. 그러나 점차 가난한 자는 의롭다는 사상이 발전하면서 가난이 경건의 필수조건으로 되어갔다. 이스라엘의 역사를 살펴보면 가난에 대한 이러한 진리가 변형되었음을 알 수 있다.

박해와 소외 때문에 고통을 받는 사람, 하나님 외에는 아무런 힘도 가지지 않았던 사람, 하나님으로부터 오직 고통만을 약속받은 사람인 예레미야가 극적으로 말하는 가난은 경건과는 아무런 상관이 없다. 우리에게 드러난 진리 속의 가난한 자는 경건한 자가 아니라 의로운 자다.

그러나 인간은 하나님의 은혜의 차원을 인간의 차원으로 바꿔 놓는 짓을 하고 있다. 이스라엘이 행한 것이 바로 이것이다. 이스라엘은 그들이 포

---

11) PLOEG. 『이스라엘의 가난한 자들』 Les Pauvres d'Israël, Etudes sur l'Ancien Testament VII, 1950.

로로 잡혀갈 것이라는 계시를 하나의 종교적 사건으로 변형시켰다. 에비욘이라는 낱말이 경건한 자를 가리키는 기술적 종교 언어의 표현이 된다.

그리하여 변형과 왜곡이 발생한다. 이것은 청교도들에게 있어서 부가 은혜의 증거가 되는 것과 똑같은 왜곡이다. 가난이 하나님에게서 오는 정의를 경건으로 바꾼다. 그래서 기원전 2세기에는 가난한 자들의 종파가 번성했는데 그들은 자기들의 의로 말미암아 교만하였으며, 또한 민주주의적이고 경건주의적이었다. 그러나 그들이 남긴 문서에 의하면 그들이 생각하는 가난은 하나님이 사랑하는 가난과 거리가 멀다. 젤렝Gelin의 말에 의하면,12) 세리와 바리새파 사람들의 이야기에서 세리는 돈이 많고 바리새파 사람들은 가난한데, 그 이유는 바리새파 사람들에게는 가난이야말로 그들이 중시하는 경건을 위해 가장 필요한 요소였기 때문이라 했다. 그러나 이처럼 가난이 자신을 정당화시키는 요소가 될 때, 그 가난은 가치를 잃는다. 그러므로 바리새파 사람들의 가난은 위선이다.

이처럼 가난한 자와 의로운 자의 관계를 역사적으로 살펴볼 때, 그것이 예수 그리스도와는 동떨어져 있다는 것을 깨달을 수 있다. 우리는 가난에 대한 성서 본문에서 또 다른 차원 즉 예언자적 차원도 살펴보아야 한다. 예레미야가 가난하게 살았다고 한다면 그것은 예레미야가 예언자로 생활을 하였다는 것을 의미한다. 예레미야의 가난은 예수 그리스도의 가난을 앞당겨 체험한 가난이다. 오직 예수 그리스도만이 완전하게 가난한 생활을 한 분이다. 예수 그리스도께서 십자가 위에서 "내 하나님이여 어찌 나를 버리셨나이까" 시22:1라는 외침은 하나님께 닿는 가난한 자의 부르짖음 바로 그것이다.

구약성서 자체는 무엇보다도 먼저 성육신에 대한 예언이다. 그러나 그

---

12) Gelin, Cahiers Sioniens, 1951.

것은 또한 사람들과 관계되는 것이기도 하다. 왜냐하면, 그 본문들은 모두 예수 그리스도를 통해 사람들을 비추는 것이기 때문이다. 가난한 자는 예수 그리스도를 의미한다. 구약성서에서 극적이면서도 장엄하게 가난을 중요시한 이유는, 가난의 조건을 완성할 예수 그리스도 때문이며 또한 가난한 자들이야말로 그 완전한 성취의 불완전한 형상image이기 때문이다.

가난한 자들의 가난은, 성서 본문이 전하는 대로, 예수 그리스도의 가난에 근거하고 있다. 그러므로 그리스도의 가난이 주는 의미와 위엄과 진리는 가난한 자들에게 영향을 미친다. 하나님께서 가난한 자들을 부각시키시는 이유는 그들의 덕이나 조건 때문이 아니라, 그들이 예수 그리스도 자신의 영원하고도 지속적인 반영이기 때문이다. 우리는 여기서 왜 가난한 자들이 기다리는 것이 정의인지 알게 된다. 그 이유는 다름이 아니라 그들에게 주어진 것이 그리스도 안에서 의롭다고 인정함을 받는 것이기 때문이다. 우리는 여기서 또, 왜 예수 그리스도께서 우리를 당황하게 하는 말씀 즉 "가난한 자들은 항상 너희와 함께 있거니와 나는 항상 함께 있지 아니한다"마26:11는 말씀을 하셨는지 이해하게 된다. 가난한 예수는 이 세상을 떠났다. 그러나 예수 그리스도께서는 그 자신을 대변하고 그를 반영하는 가난한 자들을 이 땅에 남겨놓으셨다. 이 가난한 자들은 세상 끝날까지 사람들 가운데 남아서 어떠한 삶이 진정으로 가치 있는 삶인지에 대한 질문을 끊임없이 제시함으로써 사람들로 하여금 교만에 빠지지 않게 할 것이다.

예수 그리스도께서는 이 모든 사실이 완전히 이루어지기를 바라고 계시며 또 그렇게 되도록 인도하고 계신다. 예수께서는 심판의 비유 중에서 "너희가 여기 내 형제 중에 지극히 작은 자 하나에게 한 것이 곧 내게 한 것이니라"마25:40고 말씀하셨다. 우리는 여기서 가난한 자 한 사람 한 사람 뒤에 예수 그리스도 자신이 등장하시는 것을 보게 된다. 이러한 상황 속에서 우리는 마침내, 교회가 왜 가난한 자들의 집합소가 되어야 하는지를 알게 된다. 바울이 "형제들아 너희를 부르심을 보라, 육체를 따라 지혜 있는 자가 많이 아니하며 능한 자가 많지 아니하며 문벌 좋은 자가 많지 않다"는 말을 고린도교인들에게 했을 때, 그것은 그 당시의 사실을 사실대로 묘사한 말이기도 하다. 교회는 부자들의 집합소가 될 수 없다. 교회는 바깥에 있는 가난한 자들을 위해 존재한다. 예수 그리스도께서는 병든 자들을 부르러 오셨다. 건강한 사람들에게는 의사가 필요 없지 않은가. 예수께서는 바깥에 있는 가난한 사람들을 부르기 위해서 오셨다. 예수께서는 혼인 잔치의 비유에서 불쌍한 자들을 모두 들어오게 하셨다. 그리스도의 몸은 가장 가난한 자의 몸일 뿐만 아니라, 가난한 자들 이외의 것으로 구성될 수 없다. 가난한 자들이 부자들보다 우월하다는 말은 아니다. 그러나 그들의 가난한 모습은 예수 그리스도의 인격과 일체를 이룬다.

이 가난의 문제는 교회의 성도들에게 끊임없이 양심의 가책을 불러일으킨다. 왜냐하면, 교회는 성서적이지 못하기 때문이다. 교회가 왜 완전한 그리스도의 몸이 될 수 없는지는 뒤에서 살펴볼 것이다.

하여튼 성서를 이렇게 읽게 되면, 돈이 많은 사람들과 권세를 잡은 자들과 큰 기업체 사장들은 그리스도인으로 초청하기가 어렵게 된다. 교회가 사회·정치적인 영향력을 얻으려면 그런 사람들을 교인으로 불러들이는 것이 당연한 사실이다. 그러나 이 권세자들에게는 가난의 문제가 필연적으로 제기된다. 이들이 계속하여 권세자로 남아 있는 한, 교회는 참 교회가 되기 어렵다. 참 교회가 되려면 그들이 가난한 그리스도에 의해 제기되는 문제를 받아들여 더는 권세 있는 자이기를 그쳐야 한다.

부자들과 권세 있는 자들을 복음화할 필요가 없다는 말은 결코 아니다.

그러나 참된 복음화가 가져올 삶의 전환은 권세자들을 매우 당황케 할 것이라는 점을 알아야 한다. 그리고 교회는 무엇보다 사회·정치적인 힘을 손에 넣으려는 목적을 가져서는 안 된다. 그것은 예수 그리스도에 대한 또 한 번의 배신이다.

끝으로 한 가지 점을 덧붙여야 한다. 단순히 경제적인 측면에서 가난한 자를 의로운 자라고 생각하면서 물질적인 가난을 지향해서는 안 된다. 가난한 자가 곧 의인이라는 말이 아니고 가난한 자가 의인일 수 있다는 것이다. 또한, 마르크스가 말하는 프롤레타리아가 성서에서 말하는 가난한 자라든지, 노동자 계급이 가난한 자를 가리킨다든지, 노동자 계급의 정당이 가난한 자들의 정당이라는 식으로 성급하게 일치시키는 행위는 삼가야 한다. 유감스럽게도 그와 같은 사고논리에는 거짓이 들어 있다. 왜냐하면, 공산당도 성서에 의하면 전형적인 부자요 권세자기 때문이다. 사실 공산당이란 가난한 자들을 이용하는 당이다. 물론 공산당이 가난한 자들의 소망을 실현하려는 정당인 것은 사실이지만, 그들은 가난한 자들의 소망을 성서가 제시하는 방향 즉 하나님께서 원하시는 방향에서 실현하려 하지는 않기 때문이다. 그들은 가난한 자들이 가진 소망을 권세와 독재와 증오로 왜곡시킨다. 성서에 의하면, 이것은 가난한 자들을 부자로 만들려는 행위다. 이와 같은 행위는 진실로 가난하신 예수 그리스도를 죽이는 행위다. 교회가 가난한 자들을 배신하지 않았다고 생각하는 것은, 사탄이 에덴동산에서 아담과 이브의 소망을 저버지리 않았다고 생각하는 것과 마찬가지다.

여기서 말하고자 하는 것은 공산주의에는 참신한 것이 아무것도 없다는 것이 아니라, 다만 성서에서 말하는 가난을 세상의 권세 있는 정당과 일치시킬 수 없다는 말이다.

3. 하나님의 물음에 대한 응답

하나님은 가난한 한 사람을 삶의 진리 한가운데에, 그리고 우리 앞에 세우셨다. 가난한 자들은 하나님이 우리에게 제기하는 물음이다. 하나님께서는 이 물음을 우리에게 제기하심으로써, 우리들의 책임 있는 대답을 요구하신다. 이 물음은 끊임없이 제기되는 것이다. 왜냐하면, 가난한 자들은 언제나 우리와 함께 있기 때문이다. 우리는 이 물음을 피할 수 없다. 우리는 항상 가난한 자들과 함께 몸을 맞대고 살아야 할 뿐만 아니라, 그들 각자는 언제나 우리들의 대답을 요구하고 있다.

이 물음은 모든 사람을 향한 것이다. 그러므로 이 물음을 이해하기 위해서 굳이 신학적인 설명이 필요 없으며, 반드시 그리스도인이 되어야 할 필요도 없다. 이 물음은 하나님께서 인간에게 끊임없이 제기하는 말 없는 물음이며, 또 하나님이 그 뒤에 숨어 계신 물음이다. 그러므로 사람들은 결국, 누구에게 응답하는지도 모르는 채 대답할 수 있다. 예수 그리스도께서는 심판의 비유에서 이 문제를 언급하셨다. "이에 의인들이 대답하여 가로되 주여 우리가 어느 때에 주의 주리신 것을 보고 공궤하였으며 목마르신 것이나 나그네 되신 것이나 벗으신 것이나 병드신 것이나 옥에 갇히신 것을 보고 공양치 아니하더이까?" 이때 예수께서는 다음과 같이 말씀하신다. "내가 진실로 너희에게 이르노니 이 지극히 작은 자 하나에게 하지 아니한 것이 곧 내게 하지 아니한 것이니라" 마25:32 이하

위의 말씀에서 보면 지극히 작은 형제 한 사람을 돌본 사람이나 그를 거절한 사람 모두 가난에 대한 가르침을 몰랐다. 그렇지만, 그들은 삶 속에서 그 물음에 직면하였으며 또 그 물음에 응답해야 했다. 원하든 원하지 않든 우리는 그 물음에 응답해야 하고 적극적이든 소극적이든 우리의 행동은

그 물음에 대한 하나의 응답이다. 이러한 사실은 가난한 자에 대한 우리의 태도는 곧 하나님의 물음에 대한 응답이라는 것을 나타내는 것이다. 우리에게는 경제적이며 감정적인 차원으로만 보이는 이 물음 뒤에 영적인 질서의 차원이 있는 것이다.

하나님께서는 우리들의 응답을 요구하는 물음을 제기하기 위하여 가난한 분을 택하신다. 각자의 삶에서 돈의 위치와 권세를 이해하게 되면 우리는 모두 그 물음에 응답해야 할 처지에 놓여 있음을 알게 될 것이다. 그런데 공산당을 포함해서 우리는 모두 이 가난한 분 앞에서 부자의 위치에 속해 있는 것이다.

성서에서 말하는 부자는 사실상 하나님의 도움이 필요하지 않는 사람이다. 여기서 사실상이란 말은 스스로 하나님의 도움이 있어야 한다거나 바란다고 상상하는 것만으로는 부족하다는 뜻이다. 인간적으로 부족함이 없는 사람, 인간적인 힘을 가진 사람은 하나님을 필요로 하지 않는다. 그가 하나님의 도움을 기대하는 이유는 안전을 보장받겠다는 것 이외에는 없다. 부자들의 거짓 지혜는 이렇게 우리를 유혹한다. "하늘은 스스로 돕는 자를 돕는다." 그러나 성서는 이렇게 말한다. "오직 주 너의 하나님만 믿으라." 자신의 힘으로 곤경에서 헤어나갈 줄 아는 사람이 주님의 도움을 바라는 것은, 단지 습관에 의해서 그렇게 하였거나 아니면 의심을 하며 그리하였을 뿐이다. 주님은 이와 같은 요청은 받아들이지 않으신다.

우리는 모두 선택의 갈림길에 서 있다. 이 선택은 이스라엘 백성에게 하나님께서 제시하신 선택이다. 애굽이나 앗수르와 연합할 것인가 아니면 여호와와 연합할 것인가. 결코, 둘 다를 택할 수는 없다. 하나님과 맘몬, 둘 중의 하나를 선택해야 한다. 맘몬을 원한다면 그는 하나님을 원하지 않는다는 뜻이다. 부자들이 이 고뇌의 선택 앞에 서 있다. 현대인들은 그들 자신의 기술이나 돈, 혹은 그들 자신이 소속된 단체의 힘으로 당면하는 여러 가지의 곤경을 잘도 헤쳐나간다. 그러므로 하나님은 그들에게 응답하시지 않는다. 사실 스스로 어려움을 헤쳐나가는 사람들은 하나님을 부르지 않는 사람들이다.

그런데 교회 안에 있는 우리도 부자에 속한다. 이것은 교회가 원칙적으로 부르주아기 때문만은 아니다. 나는 이 오래된 주제를 다시 거론하지는 않겠다. 그러나 교회가 쌓은 공적, 사회적 위치와 문화 그리고 가진 돈으로 볼 때 그리스도인들은 부자다. 사실 그리스도인이라는 이유 하나만으로도 부자일 수밖에 없다. 정신적인 면에서 볼 때 그리스도인이 가난해질 가능성은 거의 없다. 그리스도인들에게는 교회와 문화와 기도서와 성서가 있다. 그리스도인들이 받은 하나님의 계시, 그것이 곧 부다. 바울은 "우리 주 예수 그리스도의 은혜를 너희가 알거니와 부요하신 자로서 너희를 위하여 가난하게 되심은 그의 가난함을 인하여 너희로 부요케 하려 하심이니라"고후8:9고 말했다.

이것은 교회를 영화롭게 하고 죄인들을 정죄하는 태도를 문제 삼는 것이 아니라, 계시를 소유하려는 태도를 문제 삼는 것이다. 그리스도인들이 아무리 겸손과 경건과 신실함이 있어도 교회는 하나님의 부를 소유한 자가 된다. 그리스도인들은 하나님으로부터 버림받았다고 생각하는 가난한 자 앞에서, 그들을 비추어줄 하나님의 말씀이 없는 가난한 자들 앞에서 영적으로 부요한 자들이다. 교회 안에서는 실제로 예수 그리스도만이 가난한 자다. 그 외에는 가난을 흉내 내는 자들일 뿐이다. 이처럼 피할 수 없는 상황을 생각해볼 때, 교회가 어떻게 해서 참된 그리스도의 몸이 될 수 없는지를 알 수 있다. 가난한 자들이 모인 교회, 가난한 자들로 구성된 교회는 그 속에 소속된 가난한 자들을 영적으로 부요한 자들로 만든다.

부자는 가난한 자들과 마주 서 있다. 하나님의 편에서 세상에 던진 질문은 바로 이 부자들을 향한 것이고, 하나님 앞에서 가난에 대한 물음에 책임질 사람들도 바로 이 부자들이다. 가난의 문제는 세상을 위하여 세상의 이름으로 답변해야 하는 문제로서 하나님이 이 세상에 던진 문제다. 그러므로 이 문제는 결코 쉬운 문제가 아니다. 이 문제는 하나님께서 세상에 던진 무거운 짐이다.

성서에 의하면 부자들은 이 문제를 좋아하지 않기 때문이다. 부자들의 일상적인 태도는 잠언에 잘 나타나 있다. "가난한 자는 간절한 말로 구하여도 부자는 엄한 말로 대답하느니라" 잠18:23 부유하면 가난한 자들에 대한 태도가 거칠어진다는 이 말은 특별한 경우의 이야기가 아니고 잠언 전체에서 언급하는 말이며 현실적으로도 사회학적인 법칙이다. "부자는 가난한 자를 주관하고 빚진 자는 채주의 종이 되느니라" 잠22:7 부자들은 권세를 소유하게 되며 지배하는 힘을 갖게 된다. 부자는 가난한 자들을 억누른다. "가난한 자와 포학한 자가 섞여 살거니와 여호와께서는 그들의 눈에 빛을 주시느니라" 잠29:13 부자들은 가난한 자들의 임금을 착취하고 가난한 자들의 고난으로 부를 채운다. 약2:2~6

또한, 부자들은 가난한 자들을 멸시하고 경제적으로 억압할 뿐만 아니라 영적으로도 그들을 짓밟는다. "가난한 자의 지혜가 멸시를 받고 그 말이 신청되지 아니한다" 전9:16 가난한 자들은 멸시를 받을 뿐만 아니라 증오까지 받는다. "가난한 자는 그 이웃에게도 미움을 받게 된다" 잠14:20 사람들로부터 지지를 받지 못하는 것은 그가 가난하기 때문이다. 그러므로 가난하면서 어떤 문제를 제기하는 사람은 미움의 대상이 된다. "가난한 자는 그 형제들에게도 미움을 받는다" 잠19:7 시편 기자도 사람들의 억압과 경멸과 비웃음 때문에 탄식하고 있으며, 사람들은 그를 함정에 빠뜨리려고 하고 있으며 그를 약탈하기까지 한다는 이유로 울부짖고 있다.

부자가 가난한 자를 억압할 때 체제나 개인적인 태도를 통해 그렇게 한다는 것은 매우 분명한 현실이다. 착취에 기초한 자본주의체제나 억압에 기초한 공산주의체제나 그 목적하는 바는 똑같아서 그 방식은 그리 중요한 것이 아니다. 결국, 부자는 어떻게 하면 가난한 자를 죽일까를 생각하는 것이다. 이와 같은 태도가 아벨을 죽인 가인의 태도며 예수를 죽인 바리새인의 태도다. 사람들은 가난한 자들을 매개로 하나님의 물음에 응답하는 것을 매우 싫어하기 때문에 그런 결과가 나온다. 하나님이 제기하는 이 물음은 대답하기 쉽지 않은 물음이며, 대답을 하려면 대단히 큰 용기가 필요하기 때문에 사람들은 이 문제를 싫어한다. 그러므로 부자들은 이 물음 자체를 없애려 한다. 아담이 타락하고 나서 하나님의 물음을 회피하려 했듯이 부자들도 역시 이 물음에 답하기를 꺼리고 피하려고 한다. 그들은 가난한 자들을 돌보라는 주님의 요구를 제거하려 한다. 그래서 부자들은 가난한 자들을 죽인다.

어느 사회를 막론하고 부자는 가난한 자를 미워한다. 부자들은 권세자요 우월자요 강한 자면서도 어찌하여 가난한 자를 끝까지 적대시할까? 슬라브 제국의 계획적인 유대인학살인 포그롬Pogroms이나 노예학살 그리고 프롤레타리아의 증오는 왜 생길까? 물론 심리학적인 원인과 사회학적인 원인이 있을 수 있다. 그러나 어떠한 원인도 명쾌하게 이 사실을 설명하지 못한다. 오히려 그 원인은 하나님에 대한 인간의 증오와 하나님이 제기한 문제를 거부하는 데 있으며, 하나님께서 인간에게 부여하신 책임감의 거부에서 기인하는 것이다. 그리고 이 모든 것은 가난해진 하나님의 아들에게 그대로 투영되었다.

그렇게 함으로써 부자는 죽음에 이르지는 않는다 해도 스스로 정죄 된다. 부자(이 부자가 나쁜 부자였다는 이야기는 없다)와 나사로의 이야기눅 16:19를 생각해보는 것만으로도 충분할 것이다. 이 본문에서 보면 부자는 나사로에게 잘못한 것이 하나도 없다. 그러나 이 부자는 나사로와 얼굴을 마주 대하면서도 자신에게 선포된 하나님의 말씀을 인식하지 못하였다. 부자는 가난한 자를 통해서 말씀하시는 하나님의 말씀을 듣지 못하고 지나쳤다. 그는 가난한 자가 자기 상에서 떨어지는 부스러기를 주워 먹는 데 대해서 아무런 죄책감도 느끼지 않고 그냥 내버려 두었다. 이 부자는 가난한 자를 죽이지는 않았으나 하나님의 물음에 대해 아무런 응답도 하지 않았다. 우리는 이 이야기가 그다음에 어떻게 되었는지 알고 있다. 우리는 여기서 우리가 져야 할 책임의 의미를 알 수 있다.

하나님의 물음에 응답하기를 거부할 때, 우리는 우리의 책임을 다하지 못하는 것이 된다. 이때 사람은 결과적으로 피조물의 우두머리요 왕이 되는 것을 스스로 포기하는 것이다. 하나님 앞에서 자신의 책임을 다하지 않는 것은 하나님의 형상이 되기를 거부하는 것이 된다. 그리고 그는 마침내 사람이기를 거부하게 된다. 하나님께 응답하면 그는 가난한 자가 되고 하나님께 응답하기를 거부하면 그 거부에 의해 정죄 된다. 이것이 우리의 상황이다. 하나님의 은혜만이 우리를 이 상황에서 구원할 수 있다.

예수께서 부자가 하나님나라에 들어가는 것이 낙타가 바늘구멍에 들어가기보다 더 어렵다고 말씀하셨을 때 제자들은 매우 놀랐다. 그래서 제자들은 "그러면 누가 하나님나라에 들어갈 수 있겠습니까?" 하고 물었다. 제자들은 자신들의 모든 것, 즉 재산과 가족과 그 외 모든 것을 포기하고 예수 그리스도를 따른 자들이며 또한 예수와 함께 가난해진 자들이 아닌가? 그런데도 그들은 예수님의 말씀에 놀랐다. 그들은 자기들과 예수님가난한 분 사이에 넘을 수 없는 거리가 있음을 알았다. 제자들도 이러하였는데 우리들의 어찌 부자의 대열에 끼어 있지 않다고 말할 수 있겠는가?

이러함에도 많은 사람은 상황이 그리 어둡지만은 않다고 생각한다. 자비로운 마음으로 가난한 자를 도울 방법이야 많지 않은가? 물론 많이 있다. 그러나 문제는 가난한 자를 돕는 것이 아니다. 가난 또는 가난의 본질이라고 할 수 있는 것은 사람들에게 일상적인 관심이나 자비를 불러일으키려고 있는 것이 아니다.

가난한 자에 대한 동정은 중요한 것이 아니다. 사람들이 가난한 자를 동정함으로써 그에게 줄 수 있는 것은 그들의 마음을 가라앉히는 것과 거짓과 가난을 의식하지 못하게 하는 것뿐이다. 르무엘의 말은 현실주의적인 고뇌를 잘 표현하고 있다. "독주는 죽게 된 자에게, 포도주는 마음에 근심하는 자에게 줄지어다. 그는 마시고 그 빈궁한 것을 잊어버리겠고 다시 그 고통을 기억치 아니하리라" 잠31:6, 7 이것이 선한 사람이 가난한 자에게 할 수 있는 일의 전부다. 왜냐하면, 불행한 현실과 돈의 위력은 사람의 능력을 초월하기 때문이다. 가난한 자는 어떠한 형태로든, 미움이나 사랑 속에서든 종교나 공산주의의 안위 속에서든, 독주와 같은 기분전환과 망각을 권유받는다.

가난한 자에게 돈을 준다고 해서 그에 대한 우리의 관계가 바뀌는 것은 아니다. 그래서 예수는 제자들이 향유를 아까워하고, 향유를 판 돈으로 가난한 자에게 주는 것이 더 낫겠다고 하였을 때 그들을 나무라셨다. 여기서 예수는 가난한 자들과 자신과의 관계를 정한다. 제자들이, 향유를 낭비한 돈과 가난한 자들을 위한 돈을 대립시킨 것은 옳지 않다는 말씀이다. 돈은 결코 가난한 자들의 상황을 바꾸지 못한다. 바울도 예수와 똑같은 이야기를 한다. "내가 내게 있는 모든 것으로 구제할지라도 사랑이 없으면 내게 아무 유익이 없다" 고전13:3 여기는 내게 아무 유익이 없다는 말에 유의해야 한다. 가난한 자에게 돈을 주면 분명히 그것은 그에게 유익이 된다. 그러나 가난한 자의 짐을 덜어주면 그것으로 충분하고 그것으로 모든 것이 끝났다고 생각하면 성서의 가르침을 완전히 왜곡하는 것이 된다. 결코, 그것으로 충분치 않다. 왜냐하면, 가난한 자에게 돈을 주는 순간에도 부자는 역시 부자기 때문이다.

그러면 우리가 할 일은 아무것도 없단 말인가? 만일 가난한 자가 예수 그리스도의 형상이라면 그는 행복한 자가 아닌가? 우리는 그를 도와야 할 이유가 없지 않은가? 이와 같은 생각은 유혹이다. 이것은 우리의 책임을 회피하려는 유혹이며 더 나아가서는 예수 그리스도의 자리를 차지하려는 유혹이다. 왜냐하면, "너희 가난한 자들은 복이 있다"고 선언할 수 있는 분은 오직 예수 그리스도뿐이기 때문이다. 우리는 가난한 자가 복이 있다고 말할 권리가 없다. 축복과 저주는 오직 예수 그리스도만이 선포할 수 있다. 우리가, 그리고 교회가 예수 그리스도의 자리에 앉아서 그것을 선포해서는 안 된다.

가난한 자들에게 나아갈 때, 그들의 짐을 덜어주려면 우리가 할 수 있는 모든 것에서 예수 그리스도에게 하듯 해야 한다. 이때에 상황은 역전된다. 우리가 그리스도께 간다면 부자의 자격으로 나아갈 수 있겠는가? 물론 우리는 그럴 것이다. 왜냐하면, 우리는 그를 십자가에 못 박았고 그 앞에서 부자의 태도를 보였기 때문이다. 그러나 예수께서는 우리의 이러한 태도를 보였는데도 우리를 기다리고 계시며 우리는 이 사실을 알고 있다. 그러므로 우리는 우리의 책임을 더는 회피할 수 없다. 이제 가난한 자에게 나아갈 때 우리는 더는 부자의 양심을 가질 수 없다. 우리의 삶 속에서 하나님께서 제기하시는 문제를 생각하면 더욱 그러하다. 그래서 우리는 가난을 참을 수 없는 것으로 생각하고, 가난을 극복하기 위해 어떠한 위험도 무릅쓰고 어떠한 일이든지 하게 된다.

여기서 가난을 극복한다는 것은 가난한 자를 부자가 되도록 해야 한다는 말인가? 또는 복 있는 자에서 저주받을 부자로 옮겨 간다는 뜻인가? 이것 역시 우리가 대답할 문제가 아니다. 만일 아주 우연히 불운을 딛고 경제적인 부분만 아니라 정신적인 부까지 부를 손에 넣었다고 하자. 그리고 이 소식이 온 세상에 전해진다고 하자. 그러면 우리의 행운을 축하하려고 맘몬의 의식을 거행한다.

그렇다면, 우리가 그리스도의 말씀을 통해 가난한 자를 도와야 한다는 것은 무엇을 의미하는가? 우리가 할 수 있는 것은 앞으로 도래할 나라에 대한 예언적 징표가 되는 것이다. 그것은 주님의 축복 아래 있는 가난한 자에게 은혜의 소망을 전하고 그 은혜를 드러내는 것이다.

여기서 우리는 마르크스주의와 반대의 관점에 서게 된다. 마르크스주의와 기독교를 종합하는 것이 이상적이라고 할 수 없다. 그렇게 종합하면 기독교는 더욱 악화할 것이다. 개인적인 참여를 요구하는 성서의 말씀을 고려할 때 마르크스주의와 기독교의 대립은 매우 분명해진다. 가난한 자에 의하여 제기된 문제는 사회적인 문제가 아니라 개인화된 문제다.

가난의 문제는 경제적인 문제가 아니다. 가난의 문제를 돈의 분배문제라고 생각하게 하는 성서 본문이 한 곳 있다. 그것은 가룟 유다가 보여주는 실례인데, 유다에게 있어서 중요한 것은 가난한 자에게 돈을 나누어주는 것이었다. 경제적인 문제를 해결하는 것이 그의 관심사였다. 그의 이러한 태도는 가난한 분을 파는 데까지 연장된다. 유다와 같은 판단과 관점은 오늘날에도 타당하다. 모든 문제를 경제적인 차원으로만 보려고 하고 가난을 돈의 궁핍으로만 규정하려는 사람은 결국, 현대판 가룟 유다며, 이들은 멀지 않아 가난한 자들을 권세 있는 자들에게 팔 자들이다. 우리는 이 사실을 공산당에서 볼 수 있다.

　우리로서는 사회학적 태도나 경제체제에 대해서는 할 말이 없다. 다만, 개인적인 차원의 참여가 중요할 뿐이다.

　여기서도 기독교는 체제를 거부한다. 우리가 가난한 자의 문제에 응답해야 한다면 그것은 어떤 집단이나 계획에 참여하며 응답하는 것이 아니다. 정당에 들어가거나 어떤 계획을 받아들이거나 어떤 기구에서 일함으로써 응답의 방법을 찾는 것은 하나님의 물음 앞에서 책임을 거부하는 행위요 군중 속으로 도망가는 행위다. 거기서 찾는 해결책은 위험한 거짓이다. 그것은 개인의 처지가 난처해지는 것을 피하려는 수단이다.

　이와 같은 행위는 개인에게 부과된 짐을 단체와 다른 사람과 집단으로 돌리려는 수단이다. "나는 책임이 없다. 문제는 부르주아나 공산주의자나 파시스트에 있다. 일을 처리하는 책임은 당과 관료들과 국가에 있다. 물론 나도 그 일에 참여한다. 그러나 나는 결정권이 없다. 나도 많은 일을 하고 있으니 가난 문제에 대해서 할 만큼 한 셈이 아닌가? 나는 지금 다른 사람들과 함께 가난의 문제에 대해서 자세히 알 필요는 없다" 또 이와 같은 사고방식은 현재의 문제를 미래의 문제로 돌리는 수단이기도 하다. 왜냐하면, 이것은 가난이 없는 미래만을 이야기하기 때문이다. 미래의 세대를 위해서는 현재의 세대는 희생제물이 되어도 좋다는 논리다. 이와 같은 생각은 하나님의 물음을 피하려는 잔꾀다.

　가난한 자에 대한 기독교의 견해는 개인적인 참여를 중시하는 것이다. 개인적으로 가난한 자의 상황을 직시하는 것이 중요하다. 그래야, 하나님 앞에서 책임지는 사람이 될 수 있다. 물론 이와 같은 행동은 위험을 수반하는 일이다. 그러나 위험하다고 해서 복음의 말씀을 적당히 완화해 받아들여서는 안 된다. 우리가 할 수 있는 것은 우리에게 선포되는 말씀과 삶 속에 적용되는 하나님의 말씀을 일치시키는 것이다. 스스로 책임을 지는 것은 세상을 향해 던지는 하나님의 물음에 참여하는 것이다. 즉 가난한 자들의 영적·물질적 상황에 들어가는 것이다. 가난한 분(그리스도)과 가난한 자와 함께 우리도 가난해져야 한다.

바울은 우리에게 예수 그리스도의 입장을 취하도록 촉구한다. "각각 자기 일을 돌아볼뿐더러 또한 각각 다른 사람들의 일을 돌아보아 나의 기쁨을 충만케 하라. 너희 안에 이 마음을 품으라. 곧 예수 그리스도의 마음이니 … 오히려 자기를 비어 종의 형체를 가져 사람들과 같이 되었고 사람의 모양으로 나타나셨으매 자기를 낮추시고" 빌2:3~9 이러한 예수 그리스도의 태도가 우리의 태도를 규정한다. 우리는 교회 속에서 그리스도인의 삶의 본질적인 요소 중의 하나인 예수 그리스도를 닮는 작업을 너무 멀리 해왔다. 은혜로 말미암는 구원과 예수 그리스도를 닮는 것은 서로 모순되는 것이 아님에도 이 문제를 너무 등한시해왔다. 야고보도 우리에게 이렇게 말하고 있다. "부한 형제는 자기의 낮아짐을 자랑할지니 이는 풀의 꽃과 같이 지나감이라. 해가 돋고 뜨거운 바람이 불어 풀을 말리우면 꽃이 떨어져 그 모양의 아름다움이 없어지나니 부한 자도 그 행하는 일에 이와 같이 쇠잔하리라" 약1:10~11 부자들은 주님의 은혜와 영광 앞에서 그 부요함을 잃게 되는데 이는 마치 풀의 꽃이 말라 시드는 것과 같다는 말이다. 따라서 주님과의 만남에서 오는 첫 번째 결과는 부자의 권세가 시드는 것이며 낮아지는 것이다. 이렇게 되지 않는다면 주님과 만났다는 확신을 할 수 없다. 그런데 여기서 부자의 낮아짐이란 그 부가 사라진다는 것이다. 부자가 하나님 앞에서 영화롭게 될 이유가 있다면 그것은 그가 가진 부를 잃고 가난한 자들 사이로 들어가는 데 있다. 이때 그는 예수 그리스도의 영광에 참여하기 때문에 그 영광을 또한 얻게 된다. 이 모든 것은 예수 그리스도와 부자 청년과의 만남을마19:16~26 이론화해본 것이라고 할 수 있다. 부자 청년이 그리스도에게 제기한 물음은 다름이 아니라 바로 가난한 자의 문제다. 놀라운 사실은 이것이 또한 인간의 고뇌에 대한 응답이라는 점이다. 물음을 던진 자는 부자 청년이고, 여기에 대한 대답으로 하나님께서는 그를 하나님의 물음 앞에 세운다.

이 이야기에는 우리가 지금까지 말한 것이 요약되어 있다. 모든 재산을 팔라는 것(물질적인 박탈), 주님을 따르라는 것(영적인 박탈), 재산을 가난한 사람들에게 주라는 것 즉 가난한 자들의 운명을 개선하기 위해서 사회적 차원에서 참여하는 것이 아니라 가난한 자의 대열에 참여하라는 것이다.

그런데 여기서 혼동하지 말아야 할 것이 있다. 즉 여기서 문제 삼는 것은 구원의 문제가 아니라는 것이다. 구원은 하나님의 은혜에 의한 것이다. 마태복음 19장 어느 곳에서도 그 부자 청년이 구원을 얻지 못했다는 말이 없다. 이 이야기에서 주제는 우리의 태도, 우리의 삶의 모습, 즉 하나님의 물음에 대한 우리의 응답이다. 이와 같은 응답은 우리의 행동과 인생관에서 나타난다. 우리는 이 본문에서 윤리문제의 한가운데에 서 있다. 이것은 "네가 온전하고자 하면"이라는 말에서 잘 확인되고 있다.

4. 명상

아기 예수가 계신 구유에 목자들이 경배하러 왔다. 이 목자들은 가난한 자 중의 가난한 자요 그들은 하인이며 반노예다. 그들은 자기 것은 없고 남을 위해 일하며 남의 가축을 지키고자 들에서 밤을 지내는 사람들이다.

그러나 동방 박사들은 부자 중의 부자다. 그들은 흔히 동방의 왕이라고 하는데 그것은 일리 있는 말이다. 그들은 현자요 사제며 별의 움직임과 수학과 행정에 밝은 사람들이었다. 그들의 학문은 사람들로부터 인정을 받았으며, 그리하여 그들은 부를 쌓을 수 있었을 것이고, 정치도 그들의 결정에 따라 크게 좌우되었던 것 같다. 지혜와 돈과 권세가 풍요로운 동방의 왕들과 가난한 자들이 함께 구유에 계신 왕중왕에게 경배하도록 부름을 받았다. 그는 권세 있는 동방 박사의 왕 됨과 목자들의 가난을 함께 타고났다.

동방 박사와 목자들은 함께 부름을 받았다. 그들은 각자의 마음과 그들 나름의 언어를 가지고 하나님이 하신 놀라운 일을 전할 사람들이었다.

가난한 자들은 전설과 천사와 기적과 경이를 믿는다. 동시에 그들은 영적인 현실에 민감하다. 그들은 기도가 무엇인지 알며 또 구원을 기다린다. 그들은 명상이 무엇인지 알며 계시를 향한 마음의 문이 열려 있다. 그래서 하나님께서는 그들에게 그들의 언어를 빌어 기적과 계시로써 말씀하신다. 천사들이 내려와 그들을 부른다. 그들을 채우고 안심시킬 징표를 그들에게 주신다. 이 징표가 바로 아기 예수다.

반면에 부자들은 천사를 믿지 않을 것이다. 대신 그들은 학문을 믿고 하늘의 징표를 해석할 줄 알며 이상하게 보이는 것을 설명하고자 한다. 그래서 하나님께서는 그들에게 그들의 언어로 말씀하신다. 즉 하늘의 별로써 그들에게 말씀하신다. 하나님께서는 그들의 지혜를 통해 그들을 부르시고, 그들에게 정치적 징표를 주신다. 정치가인 그들은 권세로 말미암아 일어나는 싸움을 알고 있다. 그들은 아기 예수에 대한 헤롯왕의 시기심을 알고 있다.

부자와 가난한 자는 똑같이 부름을 받았지만 가난한 자들이 우선이다.

이 세상에서 첫째가 하늘나라에서는 꼴찌가 된다. 목자들은 첫째 사람이 된다. 가난 때문에 하나님과 가까운 사람들은 아기 예수가 태어난 구유 바로 곁에 있었다. 그곳이 그들의 자리다. 예수께서 비천한 인간의 모습으로 오셨기 때문에 비천한 가운데 있는 사람들은 쉽게 예수님을 만나 뵐 수 있다. 가난한 자들이 부자보다 우선권이 있다거나 가난하기 때문에 하나님의 영광을 받을 수 있다는 말은 아니다. 이렇게 생각하는 순간 그들은 부자가 된다. 중요한 사실은 예수께서 그들이 있는 비천한 가운데 오셨다는 것이다. 그들에게 나타난 계시는 가장 직접적이고 즉각적이며, 그들의 삶 한 가운데에 임했다. 그래서 그들은 그 계시를 받아들이는 순간 즉각적으로 아기가 있는 구유 문 앞으로 왔던 것이다.

부자들은 그 후에 온다. 그들은 먼 길을 걸어와야 했다. 그들은 사막을 통과하는 긴 여행을 해야 했다. 그들은 허영과 부와 돈과 권세의 사막을 통과하는 힘든 여행을 해야 했다. 그들의 길 앞에는 많은 장애물이 있었다. 그 장애물 중 어떤 것은 인간으로서는 넘기 어려운 것도 있었다. 소유를 팔아 가난한 자들에게 주라고 하신 예수님의 말씀에 심히 근심한 청년과 같이 부자들은 인내와 자기 수련이 필요했다. 그들은 앎의 욕구를 한 방향으로 집중시키고, 학문이나 부와 같은 자신의 모든 소유를 이용해야 했다. 이런 탐험은 큰 대가를 치르지 않을 수 없다. 그렇다고 해서 그들이 다른 사람들보다 아기가 계신 구유에 올 자격이 더 많다는 것은 아니다. 사실 오히려 그 반대다. 왜냐하면, 그들은 사람들로부터 많다는 것을 받았기 때문이다. 그들은 인간적 성취 때문에 하나님으로부터 점점 멀어져감을 차차 알게 되었다. 그러나 이런 장애가 있었는데도 하나님의 부르심이 그들에게 도달했듯이 그들 또한 장애를 극복하고 하나님에게 도달해야 했다.

부자와 가난한 자는 각각 똑같이 자기가 가지고 올 수 있는 것을 가지고 경배하도록 부름 받았다. 가난한 목자들은 자기 자신을 가지고 예수께 왔다. 그들은 다른 것을 가지고 있지 않기 때문이다. 그들은 손에 들고 올 것은 없었지만, 기도와 노래와 삶을 가지고 왔다. 그들은 하나님을 찬양하고 돌아간 예수의 첫 번째 증인이 되었다. 그들은 보고 들은 것을 말했고 그 말을 들은 사람들은 그 기쁜 소식에 놀랐다. 이들은 첫 번째 증인이며 첫 번째 복음전도자였다.

동방 박사들은 자기 자신들보다 더 가치가 있다고 생각되는 것을 가지고 온다. 황금은 그들의 부의 상징이며 세상 모든 부의 상징이기도 하다. 유향은 왕들을 영화롭게 하는 것으로 정치권력의 상징이다. 몰약은 시체의 방부제로서 학문의 상징인 것 같다. 결국, 이들은 아기 예수에게 속한 것임을 인정하였던 것이다.

인간이 이 세상 권세의 기반이 되는 모든 것을 자기의 주께 바치려면, 먼저 그 모범으로 부에 대한 집착을 버린 부자로서 아기 예수를 경배하러 와야 한다. 가난한 자는 이 일을 할 수 없다. 갖지 않는 것을 바칠 수는 없지 않은가? 세상의 부를 바치는 것은 부자만이 할 수 있다.

주님에 대한 경배는 순전히 영적인 경배만은 아니다. 동방 박사들은 금과 유향과 몰약만을 주님께 드린 것이 아니라 그들 자신도 주님께 드렸다. 왜냐하면, 그들 자신도 주님의 증인이 되었기 때문이다. 그들은 헤롯왕이 죽이려 한 아기 예수를 보호했던 것이다. 이들 동방 박사들은 헤롯과의 정치적 연대를 끊었다. 잘 알다시피 동방 박사들은 예수를 찾아갈 때는 헤롯왕을 만났다. 이 만남은 권세자와 권세자의 만남이다. 거기에는 연대적 이해관계가 있었다. 그러나 돌아갈 때는 예수의 편이 되었다. 그들이 고향으로 돌아갈 때는 헤롯왕의 말을 따르지 않았다. 그들은 아기 예수에 대해 아는 것을 헤롯왕에게 말하지 않았다.

가난한 자와 부자는 같은 부름을 받은 같은 증인이다. 그들은 모두 어떤 행동을 취하기에 앞서 부름을 받았다. 이 점에서 가난한 목자와 부자의 상황은 같다. 그들은 각자 자기 일을 했다. 목자들은 양떼를 지키고 동방박사들은 학문을 했다. 그들이 먼저 하나님께 나아간 것이 아니고 하나님이 먼저 그들을 부르셨다. 하나님께서는 자신도 가장 귀한 것 즉 그의 아들을 주셨듯이 하나님을 경배하는 자에게도 가장 값비싼 것을 바치도록 부르신다.

아기 예수에 대한 경배는 부자에게나 가난한 자에게나 모두 자기를 버리는 경배였다. 왜냐하면, 하나님께서도 아기 예수가 태어나던 밤에 자기를 버리셨기 때문이다. 하나님께서 먼저 권세와 영화와 그 자신을 버리셨다. 모든 사람이 그것을 볼 수 있게 하려고 하나님께서 먼저 모든 것을 버리셨다.

후기

    1950년에 이 책이 나온 이래 많은 것이 바뀐 것 같으나 사실은 바뀐 것이 없다. 그동안 돈의 권세는 점점 커졌으며 '가난한 자'에 대한 신학적 고찰은 계속 되어왔다. 이 두 가지 점을 여기서 잠시 훑어보고자 한다.

    돈의 권세? 19세기나 지금이나 돈 그 자체는 공격적인 것이 아니다. 물론 인류사회는 자본주의에서 제국주의로, 생산사회에서 소비사회로 자리바꿈을 했다. 그러나 모든 것이 팔고 팔리는 현상은 이전과 다를 바 없으며 그 물량도 그리 증가한 것 같지는 않다. 그럼에도 돈의 권세가 확장되는 것과 관련하여 간략히 세 가지 사실을 짚고 넘어가는 것이 좋을 것 같다. 우선 제도적 차원에서 다국적 기업의 문제다. 거대한 기업들이 세계 시장을 뚫고 들어가 생산물을 팔고 판매점을 설치하는 데 만족하는 시대는 지났다. 이제 그것은 생산의 차원으로까지 확산되어 세계 각국에 생산지점을 건설하는 형식으로 발전하고 있다. 그리하여 상업이득이 아닌 산업이윤을 위한 완전히 새로운 경제구조가 존재하게 되었다. 이는 각 기업이 국내에 있으면서 국외기업과 접촉을 하는 구조인 국제경제에서, 국가 부분을 폐기하는 생산조직인 세계경제로의 이전을 뜻한다. 이 거대한 다국적 기업들은 가장 다원적인 사회를 세력권 내로 끌어들인다. 왜냐하면, 그러한 경제체제가 제3세계만이 아니라 미국이나 일본기업과의 관계 속에 있는 유럽도 포함하고 있기 때문이다. 한편, 다국적 기업은 마치 촉수 하나를 제거하면 다른 촉수를 사용하는 동물처럼 정치변화 때문에 위기를 맞는 일이 결코 없을 것이다. 더욱 재미있는 것은 사회주의 국가들 역시 그 현상에 동참한다는 점이다. 중국과 일본의 협상이나 중국이 자국 내에 프랑스나 독일의 공장건립을 허락하는 등의 사실을 볼 때 중국에도 다국적 기업이 확장될 가능성이 분명히 있다. 이상이 돈의 권세가 확장되는 첫 번째 측면이다.

또 하나 강조하려고 하는 것은 '상품'에 대한 이해가 더욱 적극적인 방향으로 진전되었다는 점이다. 잘 알다시피 마르크스에 있어서는 상품 개념이 중요한 위치를 차지했으나 그 이후로는 약간 퇴색했다. 그런데 1968년 이래 마르크스를 다시 읽게 되면서 사회현상을 이해하기 위한 개념으로 상품 개념이 제자리를 찾았다. 모든 재화가 상품화된 것이 자본주의 구조라고도 볼 수 있지만, 사실은 돈의 권세 그 자체가 상품화된 것이다. 이전에는 모든 것을 팔고 모든 것을 사는 시대였으나 이제는 팔고 사려고 모든 것이 존재하는 시대라 할 수 있으며, 모든 관계는 재화의 상품화로 설명될 수 있는 시대다. 그뿐만 아니라 모든 가치는 상품가치로서 파악되며 어느 영역에서나 제일 먼저 염두에 두는 것은 상품화다. 그것이 우리 사회의 특성을 이루는 현실이다. 어떤 것도 거기서 벗어나지 못한다. 그러므로 마르크스는 현대 노동의 비인간적 특성은 상품화와 연결된다고 생각했으며, 타락한 인간관계도 상품화의 관점에서 이해하려고 한 것이다.

그런데 돈이 있는 곳에는 어디나 상품법칙이 존재한다. 그것은 돈을 잘못 사용한 결과거나 특정한 경제구조의 결과가 아니라 돈의 '본성'이다.

단 하나의 문제는 돈이 지배적이냐 아니냐를 아는 것이다. 돈과 상품의 필연적 관계는 상품의 특성과 함께 지난 10년 동안 뚜렷하게 드러났다. 이처럼 돈과 상품과의 관계를 인식하는 것이 매우 중요하고 괄목할 만하지만, 이 돈의 권세를 문제 삼으려면 인식하는 것만으로는 부족하다.

위에서 돈의 권세가 적극적으로 발전하는 측면을 강조했지만, 이제 부정적 측면도 제기하지 않을 수 없다. 20년 동안 우리는 돈의 권세를 분쇄하기 위해 갖은 노력을 다했지만, 그 모든 노력은 완전히 실패했다. 쿠바와 중국만 보아도 그걸 알 수 있다. 나라와 경제구조에 따라 차이가 있지만, 원리는 항상 같다.

이 두 나라가 취한 세 가지 큰 조치를 살펴보자. 첫째, 교환수단으로서의 돈을 없애고 돈을 구매교환권으로 대체하였다. 두 번째로 돈을 저장하거나 저축 또는 자본화하지 못하게 하는 조치로서, 어떤 것도 예비해두지 못하게 했다. 필요한 것은 모두 사람들의 기호에 맞추어 그때마다 생산된다. 이 두 가지 조치 덕분에 재화가 상품으로 되는 일은 없게 되었다. 모든 재화는 직접 소비를 위해 생산되며 계속적인 교환의 대상이 되지 않는다. 세 번째 조치에 대해서는 논란이 많다. 그것은 이른바 '도덕적, 이데올로기적 자극'이라는 것이다. 간단히 설명하면, 노동자가 생산하고 일하는 것은 개인적인 이익을 위해서가 아니라 자기 노동의 유용성을 알기 때문이며, 공산주의를 건설하기 위함이고, 이데올로기 때문이다. 여기서는 한 노동자가 특별히 우수한 물건을 생산한다든지 열심을 다해 일한다고 해도, 상여금을 허락해서는 안 된다. 왜냐하면, 불평등을 낳기 때문이다. 일정한 생산활동에 할증금을 주어서도 안 된다. 그 때문에 돈을 버는 데 맛을 들이게 되는 것은 사회주의 이상과는 맞지 않기 때문이다. 할증금이나 상여금은 경제주의로 간주하였다. 진정한 공산주의 노동은 명예만을 위해

하는 노동이며 동료에게 모범자로 소개되는 것이 보상의 전부다.

그런데 한 가지 지적할 것은 돈에 대항하는anti-argent 이러한 조치들은 이미 1918년 소련에서 시행된 바 있다는 점이다. 그러나 소련 당국은 40~50년 후에 그러한 조치들을 철회하지 않을 수 없었다. 마찬가지로 쿠바나 중국에서도 단계적으로 이러한 조치들을 철회할 수밖에 없었다. 교환과 가치저장 수단으로서의 돈이 재등장하였다. 마침내 이데올로기적 자극은 완전히 실패로 돌아갔음을 인정할 수밖에 없게 되었다. 생산 활동이 돈으로 지급되는 한 할증금에 관심을 두지 않을 수 없다. 돈의 모든 기능이 다시 살아난 1970년경에 사람들은 쿠바에서 이상적인 공산사회의 모델을 구축했다. 그러나 밝은 빛이 스치고 지나가고 나서 침침한 안개가 그것을 덮치고 말았다. 중국에서도 돈에 대한 저주는 이제 찾아볼 수 없게 되었다. 내가 이렇게 말하는 것은 공산진영을 공격하기 위해서가 아니다. 인류는 이들 나라에서 유익하고도 가능한 경험들을 얻었다고 나는 확신한다. 다만 돈의 권세, 모든 의문과 반격을 유유히 통과하는 강력한 돈의 권세를 강조하려는 것이다. 모든 것을 상품화하는 정신이 세상의 양심을 촉촉이 적셔 놓았기 때문에 그렇게 되지 않을 수 없다. 소련에서 볼 수 있듯이 돈이 재등장하는 순간부터 자본주의 사회의 모든 현상이 다시 등장한다. 예를 들어 소련에서는 이자가 다시 등장한다. 이상에서 간략하게 살펴본 바로는 우리가 앞의 본문에서 돈의 권세, 곧 강력하고도 유혹적인 권세에 대해 말한 것이 재확인된다.

지난 30년을 특징짓는 또 다른 측면은 서구 기독교 영향권 안에서 가난한 자의 문제가 종교작품이나 신학 작품 속에서 너무나 보편화하였다는 점이다. 비천하고 억눌린 자에 대한 관심이 없이는 책 한 권을 볼 수도, 논문 하나를 읽을 수도 없다. 종교 방면의 저술가들이 다른 방향의 사고를 할 능력이 없는 것처럼 보일 만큼 가난한 자의 문제를 다루고 있다. 신앙, 하나님, 구원, 성육신이나 종말론 또는 하나님나라 등 모든 문제의 열쇠요, 모든 문제를 설명하는 공동의 장이 다름 아닌 가난한 자의 문제다. 이 저술가들은 무시무시한 '가난한 자의 신학'에는 반대하면서 열정을 다해 가난한 자에게서 새롭고 참신한 것을 찾으려고 한다. 하나님을 야망을 품은 왕으로 보았고 그리스도를 매정한 창조자로 봄으로써 항상 잘못을 저질러왔던 교회가 이제는 가난한 자에게 관심을 두게 되었다. 신학자들은 1968년 이래 가난한 그리스도의 진리를 재구축했다. 이 말이 조금 과장되기는 했다.13) 그리스도의 가난에 대한 명상, 그분이 자신을 스스로 가난한 자와 동일시하였다는 사실과 그분이 곧 가난한 자였다는 사실이 교회 교부들, 특히 사막의 수도사들의 중심 사상이었음을 우리는 쉽게 잊어버린다. 또 그것은 중세 전체의 중심 사상이기도 하지 않았던가! 가난한 자가 하나님의 대변자다. 그러던 전통이 종교개혁과 함께 없어지고(이것은 가톨릭 사상가들의 반종교개혁 논리의 하나였다) 부르주아의 승리와 함께 사라졌다. 그러므로 교묘한 해석학적 재주를 부리기보다는 겸허한 마음으로 중세 사상을 다시 받아들여야 할 마음을 가져야 한다고 생각한다.

그럼에도 불구하고 가난한 자에 대한 오늘날의 논란은 두 가지 새로운

---

13) 많은 것들이 작자 미상으로 쌓여 있는데, 다음 작품을 옮긴다. "오랫동안 사람들은 그리스도에 의해 선포된 나라를 세우려고 생각했다. 그들은 그들의 마음을 흥분시켰던 권세와 진리를 갈망하면서 믿었다. 그리고 정의를 세우기 위해 노력했다. 그러나 그들은 힘의 승리를 믿었고 사람들이 생각하는 행복이나 간교로써 하나님을 규정했다. 거기에는 더는 소망이 없다. 나는 사람들과 그의 생각들을 살펴보고, 세상의 훌륭한 기업들을 보지만, 거기서 예수는 찾지 못했다. 불의로 찢어진 땅과 눈 먼 고집, 무력한 종교들이나 거부하고 싶은 공범자들을 살펴보지만, 거기서 하나님의 자취는 보이지 않는다. 그러나 갑자기 하나님이 나타났다. 암흑의 고통들, 고통스러운 얼굴들, 포로들, 굶주림, 경멸, 사랑이 없는 아이들, 인생의 축제에 전혀 초대받지 못한 남자들과 여자들 이러한 고통들이 어떻게 하나님의 눈앞을 지나치겠는가? 그들의 고통들, 바로 거기에 하나님이 계신다."

특징을 제시한다.

먼저, 중대한 변화가 발생했다. 고전신학에서는 예수가 자기의 존귀함과 권세를 버리고 가난한 자들은 그리스도의 형상image이 되었다. 가난한 자들 자체로서는 아무런 가치와 존귀함이 없다. 가난은 하나님을 드러내는 것도 인간을 신성하게 하는 것도 아니다. 가난한 자가 하나님 사랑의 징표가 되는 것은 그 뒤에 예수 그리스도가 계시기 때문이다. 예수께서 지극히 작은 자 하나에게 한 것이 곧 나에게 한 것이라고 하심으로써 자기를 가난한 자와 동일시하기긴 했지만, 역시 가난한 자는 그보다 더 큰 것을 가리키는 징표signe에 불과하다. 가난한 자 그 자체는 아무것도 아니다. 예수께서 가난한 자에게 그 의미와 중대성을 부여했기 때문에 그들이 의미가 있는 것이다. 그런데 이제 그것이 바뀌었다. 무엇보다 큰 변화는 철저한 동일화다. 예수가 바로 가난한 자며 가난한 자들은 모두 참조물이나 징표가 아닌 예수의 현존이다. 가난한 자는 일종의 성례sacrament가 된다. 신약성서는 가난의 메시지만 담은 책이다. 가난한 자는 완벽한 하나님의 계시자다. 우리는 예수를 통해서만 하나님을 안다. 그러므로 우리는 육을 입으신 예수만 바라볼 뿐이다. 그러나 우리는 그 예수에 대해서도 확실하게 아는 것이 없다. 왜냐하면, 예수에 대해 기록해놓은 복음서마저도 의문투성이의 증언에 불과하기 때문이다. 그런 중에서도 한 가지 분명한 것은 그가 가난한 자와 하나가 되었다는 것이다. 가난한 자는 우리가 가진 유일한 예수의 형상이므로 이제 숨어 계신 하나님을 찾겠다고 하늘을 뒤지거나 숨어 계신 예수를 찾으려고 성서 본문을 뒤질 필요가 없게 되었다. 가난한 자 그 자체만으로 충분하며 그 자체로서 하나님의 계시다. 그런 논리로 부활을 해석하기도 하는데, 곧 육체의 부활 문제를 회피하는 현대주의적 해석이 그것이다. 가난한 자들 가운데 예수가 현존한다는 사실, 그것이 예수의 부활이라는 것이다. 무덤에서 나온 영화로운 육체를 생각할 필요가 없다. 예수께서 "그에게 한 것이 곧 나에게 한 것"이라고 말씀하셨기 때문에 지금 여기 있는 자, 곧 나에게 한 것"이라고 말씀하셨기 때문에 지금 여기 있는 자, 그가 바로 예수다. 예수의 부활은 지금 여기에 있는 가난한 자다.

두 번째 큰 변화는 정치적 측면에 있다. 성서 본문을 아무리 보아도 예수가 정치활동을 했다거나, 어떤 계급에 참여했다거나 눌린 자들의 반란을 선동했다는 말은 없다. 그가 가난한 자들을 만나서 이야기를 나누었지만, 사회·경제적 범주의 집단으로 구분하여 그들을 만나지는 않았다. 그들은 개인들이며 예수는 그들을 개인으로 만났다. 예수께서는 가난한 자들과 정당을 만들지도 않았다. 그들의 반란을 선동하지도 않았다. 오히려 그는 그들이 기다리는 것과는 늘 다른 방향으로 대답했다. 베드로는 돈을 요구하는 한 가난한 자에게 이렇게 대답한다. "은과 금은 내게 없거니와 내게 있는 것으로 네게 주노니 …" 그는 예수의 오른편에 있다. 그러나 현대 신학자들은 무엇보다 먼저 이 시대의 정치·사회적 사상에 젖어 있다. 왜냐하면, 19세기까지 정당을 통해 프롤레타리아(가난한 자 모두를 가리키는 것은 아니다. 그들은 빈농에는 관심이 없다)를 보호했던 유일한 사람들이 사회주의자들이었기 때문이다. 그래서 기독교 지성인들은 곧 사회주의에 젖어들게 되었던 것이다. 이는 가난의 신학에 크게 두 가지 결과를 가져왔다. 첫째는 가난을 순전히 경제적 관점에서 생각하게 되었다는 것이다. 돈의 가난, 노동이 착취당한 가난, 수고의 열매가 빼앗긴 가난 등의 개념이 그것이다. 비천함은 순전히 돈이 궁핍하다는 테두리 속에서 이해된다. 우리가 앞에서 살펴본 성서의 가난과는 정반대다. 예수는 오해와 멸시를 받음으로 말미암아 사회적으로 가난했던 부자(세리)들을 자주 만났다. 가난한 사람이란 경제 수단을 빼앗긴 사람이라고만 생각하다 보니 재물이나 권세는 있어도 심령이 가난한 자들도 있다는 사실들을 망각하고 있다.

둘째로 집단화다. 중요한 것은 가난한 자가 아니라 가난한 계급이다. 가난한 자의 직접적이고 개인적인 필요에 응답하는 것은 더는 중요치 않다. '원인' 곧 그러한 상황을 가져온 경제·정치적 체제를 따지는 것이 더 중요하다. 가난한 자들에게 선포된 복음은 계급의 정치적 해방을 뜻하는 복음이다. 가난한 자에게 베푸는 개인적인 자비심은 쉽게 정죄 되었다. 그것은 사회적 불의를 덮어주고 지원하는 구실을 하는 것으로 간주하였다. 말로만 사랑하고 행동이 없다는 비난도 많았다. 모두 옳은 이야기다. 문제는 그렇다고 해서 꼭 계급투쟁의 길로 들어서거나, 정치를 통해 가난의 뿌리를 뽑아야 한다는 결론이 나오느냐는 것이다. 여하튼, 여기서 지적할 것은 그런 경향이 확산하였기 때문에 개인적으로 아는 가난한 자와의 접촉이 완전히 사라져버렸다는 것이다. 계급이라고 하는 전혀 만날 수 없는 대상의 해방을 위해 추상적으로 일할 뿐이다. 이 계급을 대표하는 정치지도자들은 결코 가난한 자가 아니다. 그리고 이처럼 가난이 총체화되고 추상화되면서 사회적으로 가난한 자, 곧 병들고 존재상실로 고통받거나 삶의 실패로 비천해진 사람은 관심에서 제외되었다.

이 모든 것은 복음과는 관계없는 정치적 이데올로기의 결과다. 신학적으로는 긴 논리적 연계와 추론의 열매다. 가난한 자에서부터 가난한 자들로, 다시 거기서 가난한 자들의 집단으로, 집단에서 가난한 계급으로, 다시 그 계급을 만든 체제로, 체제에서 그 체제의 근거인 착취로, 거기서 다시 착취 악으로,(가난은 선이다) 다시 악에 대한 투쟁으로, 나아가 정치와 혁명으로 …. 그러나 이 연쇄 고리를 형성하는 각 고리는 기독교 초기부터 신학자들이 다루었던 문제들이다. 신학자들은 성서 본문을 끌어대어 그러한 문제들을 해결했는데 그 해결책들은 12세기 이후에 기형적인 모습을 띠게 되었다. 어떻게 그리스도인들이 그런 생각들을 하게 되었는지는 쉽게 알 수 없다. 종교재판이나 콘스탄틴주의나 십자군이나 교황제도나 '돈=축복'의 관념의 근거에는 '항상' 정당하고 성서적이고 진실한 출발점이 있게 마련이다. 그러나 시대의 이데올로기에 적응해감에 따라 점점 본문에서 멀어져가는 이러한 추론은 거짓의 왕이 뿜어대는 무시무시한 왜곡을 낳고 만다. 오늘날 우리는 가난한 자들을 비추는 심오하고 기본적인 복음의 진리를 갖고 있으면서 그것을 왜곡하고 그리스도를 욕되게 하고 있다. 소위 해방됐다고 하는 가난한 자들이 점점 전보다 나쁜 노예상태로 빠지고 있지 않는가!

자끄 엘륄

엘륄의 저서연대기순 및 연구서

- *Étude sur l'évolution et la nature juridique du Mancipium*. Bordeaux: Delmas, 1936.
- *Le fondement théologique du droit*. Neuchâtel: Delachaux & Niestlé, 1946.
  → 『자연법의 신학적 의미』, 강만원 옮김(대장간, 2013)
- *Présence au monde moderne: Problèmes de la civilisation post-chrétienne*. Geneva: Roulet, 1948.
  → 『세상 속의 그리스도인』, 박동열 옮김(대장간, 1992, 2010(불어완역))
- *Le Livre de Jonas*. Paris: Cahiers Bibliques de Foi et Vie, 1952.
  → 『요나의 심판과 구원』, 신기호 옮김(대장간, 2010)
- *L'homme et l'argent* (Nova et vetera). Neuchâtel: Delachaux & Niestlé, 1954.
  → 『하나님이냐 돈이냐』, 양명수 옮김(대장간. 1991, 2011)
- *La technique ou l'enjeu du siècle*. Paris: Armand Colin, 1954. Paris: Économica, 1990.
- (E)*The Technological Society*. New York: Knopf, 1964.
  → 『기술 또는 세기의 쟁점』(대장간 출간 예정)
- *Histoire des institutions*. Paris: Presses Universitaires de France, plusieurs éditions (dates données pour les premières éditions);. Tomes 1-2, L' Antiquité (1955); Tome 3, Le Moyen Age (1956); Tome 4, Les XVIe-XVIIIe siècle (1956); Tome 5, Le XIXe siècle (1789-1914) (1956).
  → 『제도의 역사』, (대장간, 출간 예정)
- *Propagandes*. Paris: A. Colin, 1962. Paris: Économica, 1990
  → 『선전』하태환 옮김(대장간, 2012)
- *Fausse présence au monde moderne*. Paris: Les Bergers et Les Mages, 1963.
  → (대장간 출간 예정)
- *Le vouloir et le faire: Recherches éthiques pour les chrétiens*: Introduction

(première partie). Geneva: Labor et Fides, 1964.
→ 『원함과 행함』, 김치수 옮김(대장간 2018)
- *L'illusion politique*. Paris: Robert Laffont, 1965. Rev. ed.: Paris: Librairie Générale Française, 1977.
→ 『정치적 착각』, 하태환 옮김(대장간, 2011)
- *Exégèse des nouveaux lieux communs*. Paris: Calmann-Lévy, 1966. Paris: La Table Ronde, 1994.
→ (대장간, 출간 예정)
- *Politique de Dieu, politiques de l'homme*. Paris: Éditions Universitaires, 1966.
→ 『하나님의 정치와 인간의 정치』, 김은경 옮김(대장간, 2012)
- *Histoire de la propagande*. Paris: Presses Universitaires de France, 1967, 1976.
→ 『선전의 역사』(대장간, 출간 예정)
- *Métamorphose du bourgeois*. Paris: Calmann-Lévy, 1967. Paris: La Table Ronde, 1998.
→ 『부르주아와 변신』(대장간, 출간 예정)
- *Autopsie de la révolution*. Paris: Calmann-Lévy, 1969.
→ 『혁명의 해부』, 황종대 옮김(대장간, 2013)
- *Contre les violents*. Paris: Centurion, 1972.
→ 『폭력에 맞서』, 이창헌 옮김(대장간, 2012)
- *Sans feu ni lieu: Signification biblique de la Grande Ville*. Paris: Gallimard, 1975.
→ 『머리 둘 곳 없던 예수-대도시의 성서적 의미』, 황종대 옮김(대장간, 2013).
- *L'impossible prière*. Paris: Centurion, 1971, 1977.
→ 『우리의 기도』, 김치수 옮김(대장간, 2015)
- *Jeunesse délinquante: Une expérience en province*. Avec Yves Charrier. Paris: Mercure de France, 1971.
- *De la révolution aux révoltes*. Paris: Calmann-Lévy, 1972.
→ 『혁명에서 반란으로』, (대장간, 2019)
- *L'espérance oubliée, Paris*: Gallimard, 1972.
→ 『잊혀진 소망』, 이상민 옮김(대장간, 2009)

- *Éthique de la liberté*,. 2 vols. Geneva: Labor et Fides, I:1973, II:1974.
  →『자유의 윤리1』, (대장간, 2018)
- *Les nouveaux possédés*, Paris: Arthème Fayard, 1973.
- (E)*The New Demons*. New York: Seabury, 1975. London: Mowbrays, 1975.
  →『우리시대의 새로운 악령들』(대장간, 출간 예정)
- *L'Apocalypse: Architecture en mouvement*, Paris. Desclée 1975.
- (E)*Apocalypse: The Book of Revelation*. New York: Seabury, 1977.
  →『요한계시록』(대장간, 출간 예정)
- *Trahison de l'Occident*. Paris: Calmann-Lévy, 1975.
- (E)*The Betrayal of the West*. New York: Seabury, 1978.
  →『서구의 배반』, (대장간, 출간 예정)
- *Le système technicien*. Paris: Calmann-Lévy, 1977.
  →『기술 체계』, 이상민 옮김(대장간, 2013)
- *L'idéologie marxiste chrétienne*. Paris: Centurion, 1979.
  →『기독교와 마르크스주의』, 곽노경 옮김(대장간, 2011)
- *L'empire du non-sens: L'art et la société technicienne*. Paris: Press Universitaires de France, 1980.
  →『무의미의 제국』, 하태환 옮김(대장간, 2013년 출간)
- *La foi au prix du doute*: "Encore quarante jours..". Paris: Hachette, 1980.
  →『의심을 거친 믿음』, 임형권 옮김 (대장간, 2013)
- *La Parole humiliée*. Paris: Seuil, 1981.
  →『굴욕당한 말』, 박동열 이상민 공역(대장간, 2014년)
- *Changer de révolution: L'inéluctable prolétariat*. Paris: Seuil, 1982.
  →『인간을 위한 혁명』, 하태환 옮김(대장간, 2012)
- *Les combats de la liberté*. (Tome 3, L'Ethique de la Liberté) Geneva: Labor et Fides, 1984. Paris: Centurion, 1984.
  →『자유의 투쟁』(솔로몬, 2009)
- *La subversion du christianisme*. Paris: Seuil, 1984, 1994. [réédition en 2001, La Table Ronde]
  →『뒤틀려진 기독교』,박동열 이상민 옮김(대장간, 1990 초판, 2012년 불어 완역판 출간)
- *Conférence sur l'Apocalypse de Jean*. Nantes: AREFPPI, 1985.

- *Un chrétien pour Israël*. Monaco: Éditions du Rocher, 1986.
  →『이스라엘을 위한 그리스도인』(대장간, 출간 예정)
- *Ce que je crois*. Paris: Grasset and Fasquelle, 1987.
  →『개인과 역사와 하나님』, 김치수 옮김(대장간. 2015)
- *La raison d'être: Méditation sur l'Ecclésiaste*. Paris: Seuil, 1987
  →『존재의 이유』(대장간. 2016)
- *Anarchie et christianisme*. Lyon: Atelier de Création Libertaire, 1988. Paris: La Table Ronde, 1998
  →『무정부주의와 기독교』, 이창헌 옮김(대장간, 2011)
- *Le bluff technologique*. Paris: Hachette, 1988.
- (E)*The Technological Bluff*. Grand Rapids: Eerdmans, 1990.
  →『기술담론의 허세』(대장간, 출간 예정)
- *Ce Dieu injuste..?: Théologie chrétienne pour le peuple d'Israël*. Paris: Arléa, 1991, 1999.
  →『하나님은 불의한가?』, 이상민 옮김(대장간, 2010)
- *Si tu es le Fils de Dieu: Souffrances et tentations de Jésus*. Paris: Centurion, 1991.
  →『네가 하나님의 아들이라면』, 김은경 옮김(대장간, 2010)
- *Déviances et déviants dans notre societé intolérante*. Toulouse: Érés, 1992.
- *Silences: Poèmes*. Bordeaux: Opales, 1995. →(대장간, 출간 예정)
- *Oratorio: Les quatre cavaliers de l'Apocalypse*. Bordeaux: Opales, 1997.
- (E)*Sources and Trajectories: Eight Early Articles by Jacques Ellul that Set the Stage*. Grand Rapids: Eerdmans, 1997.
- *Islam et judéo-christianisme*. Paris: Presses universitaires de France, 2004.
  →『이슬람과 기독교』, 이상민 옮김(대장간, 2009)
- *La pensée marxiste*: Cours professé à l'Institut d'études politiques de Bordeaux de 1947 à 1979 Edited by Michel Hourcade, Jean-Pierre Jézéuel and Gérard Paul. Paris: La Table Ronde, 2003.
  →『마르크스 사상』, 안성헌 옮김(대장간, 2013)
- *Les successeurs de Marx*: Cours professé à l'Institut d'études politiques de Bordeaux Edited by Michel Hourcade, Jean-Pierre Jézéquel and Gérard Paul. Paris: La Table Ronde, 2007.
  →『마르크스의 후계자』 안성헌 옮김(대장간,2014)

기타 연구서

- 『세계적으로 사고하고 지역적으로 행동하라』(Perspectives on Our Age: Jacques Ellul Speaks on His Life and Work), 빌렘 반더버그, 김재현, 신광은 옮김(대장간, 1995, 2010)
- 『자끄 엘륄 – 대화의 사상』(Jacques Ellul, une pensée en dialogue. Genève), 프레데릭 호농(Frédéric Rognon)저, 임형권 옮김(대장간, 2011)
- 『자끄 엘륄입문』신광은 저(대장간, 2010)
- *A temps et à contretemps: Entretiens avec Madeleine Garrigou-Lagrange*. Paris: Centurion, 1981.
- *In Season, Out of Season: An Introduction to the Thought of Jacques Ellul:* Interviews by Madeleine Garrigou-Lagrange. Trans. Lani K. Niles. San Francisco: Harper and Row, 1982.
- *L'homme à lui-même: Correspondance*. Avec Didier Nordon. Paris: Félin, 1992.
- *Entretiens avec Jacques Ellul*. Patrick Chastenet. Paris: Table Ronde, 1994

국내 자끄 엘륄 관련 연구 논문

- 쟈크 엘룰(Jacques Ellul)과 프란시스 쉐퍼(Francis A. Schaeffer)를 통해 본 그리스도인의 사회 윤리적 과제 연구 = A Study on Social Ethical Responsibility of Christians: Focusing on Jacques Ellul and Francis A. Schaeffer, 조만준 (Cho Man Joon), (기독교사회윤리, Vol.37)
- 기술과 이미지 : 엘륄(Jacques Ellul)의 이미지 비판 연구 = Technology and Image: A Study of J. Ellul's Critique on Image. 하상복(Sangbok Ha), (인간 · 환경 · 미래, Vol. – No.13)
- 과학기술에 관한 윤리적 규범 모색을 위한 철학적 사회학적 신학적 관점에서의 융합적 연구: 엘륄(Jacques Ellul)의 기술 이해에 대한 비판적 성찰과 트랜스휴머니즘에 대한 적용을 중심으로 = An Integrated Study on Ethical Norms of Scientific Technology in Philosophical, Sociological and Theological Terms: Focusing on Critical Reflection of Jacques Ellul's Understanding of Technology and Application of the Norms to Transhumanism, 이창호, (선교와 신학, Vol.0 No.45)
- Jaques Ellul의 신학 사상 = Theological Thoughts of Jacques Ellul, 이은선, (논문집, Vol.11)
- 자끄 앨뤼(Jacques Ellul)론 : 테크닉과 프로파겐다, 강준만, (한국언론

- 정보학보, Vol.2)
- 자크 엘룰(Jacques Ellul)의 사상과 폭력윤리 고찰, 송정아, (기독신학저널, Vol.2)
- 언론, 선출되지 않은 권력 / 언론 연구자 탐구 : 자끄 앨뤼 (Jacques Ellul) 론 - 테크닉과 프로파갠다, 강준만, (한국사회와 언론, Vol.2)
- 자끄 엘륄의 기술철학과 기독교 사상: '변증법' 개념을 중심으로 = Jacques Ellul's Philosophy of Technology and Christian Thought: An Investigation of His Dialectics, 손화철, (신앙과 학문, Vol.19)
- 과학기술에 관한 윤리적 규범 모색을 위한 철학적 사회학적 신학적 관점에서의 융합적 연구 = An Integrated Study on Ethical Norms of Scientific Technology in Philosophical, Sociological and Theological Terms : Focusing on Critical Reflection of Jacques Ellul's Understanding of Technology and Application of the Norms to Transhumanism, 이창호(Chang Ho Lee), (선교와 신학, Vol.45)
- 정보기술과 민주주의에 관한 일 고찰 = A reflection on information technology and democracy - around the critical technological thought of Jacques Ellul, 하상복(Ha Sangbok), (정치사상연구, Vol.10)
- 자크 엘륄의 기술 사상과 그 사상에 대한 평가 = Technological Thought of Jacques Ellul and Reflections on This Thought, 이상민, (신앙과 학문, Vol.24 No.1)
- 자크 엘륄의 '자율적' 기술 개념 = Jacques Ellul's Concept of Autonomous Technology, 강성화(Sung Hwa Kang), (哲學硏究, Vol.54)
- 자크 에릴의 테크닉과 그의 커뮤니케이션 관 = Jacques Ellul's Technique and His View of Communication, 이호규 (Ho Kyu Lee), (언론과학연구, Vol.8)

대장간 **자끄 엘륄 총서**는 중역(영어번역)으로 인한 오류를 가능한 줄이려고, 프랑스어에서 직접 번역하는 것을 원칙으로 하고 있습니다. 이 일은 한국자끄엘륄협회(회장 박동열)의 협력으로 이루어지고 있으며, 여러 번역자들의 참여로 진행되고 있습니다. 총서를 통해서 엘륄의 사상이 굴절되거나 왜곡되지 않고 그의 삶처럼 철저하고 급진적으로 전해지길 바라는 마음 가득합니다.